身体から発達を問う

衣食住のなかのからだとこころ

根ヶ山光一・川野健治 編著

新曜社

はじめに

発達という複合的な現象を人間の全体的な営みのなかで見るとき、「身体」がきわめて重要な要素であることは疑う余地がない。しかしながらこれまでの発達心理学の関心は、心の側面（とくに最近は認知的側面）にあまりにも偏っていて、身体と、それを取り巻くリアルな「モノ」の存在を軽んじてきた。せいぜいのところ、身体を心の「器」として見たて、その「発育」的側面だけを取り出して素朴な記述を行ってきたに過ぎないといえば言い過ぎだろうか。

もちろん心を介した世界とのかかわりを重視することは、情報科学・認知科学全盛の今日においてそれなりに意味をもつ。しかし、テクノロジーの発達によって私たちは、簡便さや快適性を追求することへと駆り立てられ、それは私たちの日常生活を「バーチャル」化し、私たちから身体というリアリティを見失わせるという人間疎外をもたらしている。そのことを背景にしたひずんだ人間発達観が、今日さまざまな問題につながっていることは否定できない。そういう危機感をいだいて、私たちは1996年に「行動発達懇話会」という小さな研究会を立ち上げ、その場でこういった問題を論じ合い、また学会でシンポジウムやラウンドテーブルなどを開催してきた。本書は、そういう私たちのこれまでの実践を母胎として産み出されたものである。

身体はまず、私たちの「生」が展開されるまさにその場であり、単に心の器として副次的に理解されるべきものではない。身体を自覚するということは、それを維持させるという「生」の側面に光をあてるということである。いいかえれば、身体と心がひとつのまとまりとして環境と関わり合い、時間とともにその関係を変化させていくということを確認することでもある。それがそれぞれ「行動」と「発達」である。「生きる」とは、そういう身体と心と環境の抜き差しならない絡み合いのことなのである。

身体・心・環境のこういう関係は、衣食住という生活行動のなかにもっともはっきりと立ち現れる。身体の維持を、心やそれを取り巻く「モノ」との関係において考えることが「衣食住」に他ならない。そこには、環境の栄養資源を取り込む「食」や環境からの害悪を遮る「住」のように、心身を守り維持するポジティブな要素ばかりでなく、身体・生命維持を脅かす「事故」のようなネガティブな問題も含まれるにちがいない。ところが、これまでの心理学は、身体のもつ人間存在のこういう側面をあまりにも軽んじてきた。

また裏返せば、衣食住を主題として扱う「家政学」系の学問においても、身体と心の問題はこれまでないがしろにされてきた。それらにおいては、「食物」「衣服」「家屋」つまり人間を取り巻くハードとしての「モノ」は検討されても、それを利用する「人間」というソフトへのまなざしが抜け落ちていたのである。

そのことは、これまで家政学のなかでいかに心理学の存在が軽んじられてきたかを振り返れば、明らかであろう。身体を衣食住から語ることは、身体と心と環境の関係を具体的に理解することであり、人間が長い時間をかけて築いてきたシステムを論じることでもある。つまり、本書で身体をそれらハードとソフトをつなぐインターフェイスとし、衣食住の側面から発達を論じることには、心理学と家政学・食物学・被服学・住居学・環境科学などを統合するという重要性があるのである。本書を世に問うことには、そのことにより学問間の不毛な断絶や対立を埋め、新たな時代を先取りする「人間科学」としての意義がある。本書の第1部「衣食住における身体と発達」は、そのような意図のもとに構成されている。

身体は、生きることに伴い、それ自体さまざまな「刺激」を周囲に発散している。それは匂いであったり、老廃物であったり、あるいは肉体そのものであったりする。心理学がもっぱら扱ってきた「行動」もその刺激の一部分であるともいえる。このような刺激としての身体は、他者からの世話を要求したり、他者に接触を求めたり、誇示したり、あるいは逆に避けたり隠したりというように、対人関係のなかでリアルな重みをもって存在するものである。これは身体が、他者とのやりとりにおいて正もしくは負の社会的資源として働いていることを意味する。そのような資源を複数の人間の間でやりとりすることが、親疎であったり愛憎であったりするのである。そのことは、コミュニケーションにおいて身体が道具として使われる、といいかえてもよいだろう。

たとえば身体には「重さ（軽さ）」や「大きさ（小ささ）」、「暖かさ（冷たさ）」がある。これはその持ち主とかかわろうとする他者にとってリアルな意味をもちうる。また身体が作る老廃物の外見や匂いなどは、それ自体何らかの「意味」を発散する。身体の社会的資源性とは、そういうことをも含むのである。養育・介護や虐待などのかかわりを、こういう事実と切り離して考えることはまったくナンセンスであろう。親子・友達・恋人・夫婦・他人が一緒に生活するということは、この点を抜きにして論じることができない。他者とかかわる際に身体が担うそれらの資源性の重みに対し、私たちはこれまでいかに無自覚だったであろうか。ここでこういう問題に焦点を合わせることは、心理学のみならず、保育学・保健学・介護学・社会学・医学・看護学などにも大きなヒントとなりうるにちがいない。本書においてそれらの意味を新たに考えることは、人間科学的にきわめて有意義な試みである。これが、本書の第2部「かかわり合いの中の身体と発達」を構成した意図である。

本書は、これまで哲学的な抽象論に陥りがちであった身体論を、現実の具体的な問題とのかかわりにおいて立ち上げ、研究のまな板に載せるまでの「手際」を記述し、身体が発達を理解する上でいかに重要かつ新鮮な刺激に満ちた、豊かな独立変数であるかを、心理学のみならず関連の諸領域の学生・研究者にもアピールしようとするものである。それと同時に、具体的な問題に題材を求め、平易な記述を心がけることによって、実生活のなかで身体が演じる役割の重要性を再認識し、そのことによってこれまでの「心」中心で身体を置き去りにした心理学に対して違和感をもつ一般の読者層が、「心」や「脳」に偏重しがちであった人間観による呪縛からの解放へと導かれるような本になるよう心がけた。これらのことを通じて、人間発達がいかに身体から多彩に描きうるかを示しえたと自負している。

早稲田大学　根ヶ山光一
国立精神・神経センター　川野　健治

目次

はじめに　i

第1部　衣食住における身体と発達

1章　覆う・隠す——裸はなぜ恥ずかしいのか　3
羞恥心の不思議　3
被服の起源と社会的規範説　4
恐怖管理理論　9
性的刺激管理理説　11
脱衣と羞恥　16
身体の隠蔽と発達研究　18

2章　食べる・排泄する　21
はじめに　21
食べる　22

排泄する 31
まとめ 35

3章 まちに住まう 37
はじめに 37
子どもの遊びにみる「まち」 40
高齢者の生活にみる「まち」 46
「まち」とのかかわり方 55
発達をうながす「まち」の環境 62
註 65

コラム1 事故と身体の発達 70

4章 物を与える・奪う——物と身体を媒介する相互交渉と意識の貸与 73
はじめに 73
構造化された環境 74
周産期の習慣と育児の道具 75
授乳と母子関係 78
商品化された玩具と育児行動 80
子ども部屋と関係の発達 84
物と身体を媒介する相互交渉と共同注意の発達 86

結論——身体と物を媒介する養育者の意識の貸与　89

コラム2　所有と身体　91

5章　物と行為　95

卵を割る　95
靴下を履く　100
デクステリティ　106
まとめ　112

コラム3　I君の自助具　113

第2部　かかわり合いの中の身体と発達

6章　身体を作る・見せる　117

からだに満足できない人々　117
「作る」ことへの人類学的な視角　118
変化すること／作ること　120
見ること／見せること　126
身体を作ることの位相　131

註　134
コラム4　乳房をもつ身体　137
7章　触れる・離れる　141
はじめに　141
触れることの意味　143
離れることの意味　151
おわりに　154
コラム5　胎　動　156
8章　匂　う　159
はじめに　159
嗅覚の科学　160
ヒトとヒトの匂いを介したコミュニケーション　164
コラム6　アタッチメント　175
9章　介護する　177
介護と身体――その多様なアスペクト　177

食事介助場面の観察　180
介護において身体に気づくための心理ツール
――まとめにかえて　196
コラム7　抱　き　198

10章　虐待する　201
はじめに　201
虐待をしてしまう親の特徴　202
虐待傾向を示す親のタイプ分類　206
子どもの虐待と身体性　213
おわりに　217
コラム8　遊び・ケンカ　218

おわりに　221
引用文献　(7)
事項索引　(3)
人名索引　(1)

装幀＝根ヶ山悠子

第1部
衣食住における身体と発達

1章　覆う・隠す――裸はなぜ恥ずかしいのか
2章　食べる・排泄する
3章　まちに住まう
4章　物を与える・奪う
――物と身体を媒介する相互交渉と意識の貸与
5章　物と行為

●コラム1
事故と身体の発達

●コラム2
所有と身体

●コラム3
I君の自助具

1章 覆う・隠す――裸はなぜ恥ずかしいのか

羞恥心の不思議

羞恥心とは人間に「恥じらい」の感覚を生じさせる一種の心的装置である。この装置は社会的な場における個人の外見や行動を常にモニターしており、不適切な個所を見出すと「恥ずかしい」という警告サインを発して本人に行動の抑制や修正を求めてくる。この働きのお陰で私たちは他者の批判や嘲笑の対象となることを免れ、自らの姿を社会から受け入れ可能な状態に保つことができる（菅原1998）。社会に依存して生活する人間の適応や生存を支えているきわめて基本的なセキュリティシステムであるものの、この羞恥心がどのような基準で、どういった行動に警告を発するのか、すなわち、羞恥心の性質についてはよく分からない点も多い。自己の身体、特に裸体に対して、羞恥心がどう反応するのかという問題もその一つである。

街中で裸になるのは恥ずかしい。ごく当たり前のことのようであるが、なぜ裸は恥ずかしいのかと改めて考えてみると、答は簡単には見つからない。人間は全員がほぼ同じ形態の身体を持って生まれてくる。そもそもきわめて自然な姿であるはずの裸身が、なぜ羞恥心の警告を受けなければいけないのだろうか。あるいは、それ以前の問題として、本当に、裸は恥ずかしいと言い切ってしまってもよいのだろうか。たとえば、人前であるにもかかわらず、公衆浴場で、医療場面で、あるいは、海水浴場で、私たちは裸か、それに近い姿で堂々としていられる。なぜ、こうした場面での裸身を羞恥心は黙認するのだろうか。裸に対する羞恥心の気まぐれさは、身体と社会との関係について素朴で重要な問題を提起しているが、心理学はほとんど関心を払ってこなかったように思われる。ここでは裸体と羞恥に関する疑問を整理しながら、身体の隠蔽に関して羞恥心の視点から心理学的に考察してみたい。

被服の起源と社会的規範説

「なぜあなたは服を着て歩いているのか」と街中で質問すれば、「服を着なければ恥ずかしいからだ」と答える人が多いであろう。このように、被服の起源が羞恥心にあるとする考え方は被服心理学の領域で「慎み説」と呼ばれている（Horn & Gurel 1981）。慎み説の元祖は言うまでもなく旧約聖書である。アダムとイヴが神に背いて禁断の果実を口にした瞬間、自分が全裸であることに恥じらいを覚え、無花果の葉で生殖器を覆ったとの逸話である。このように、慎み説は裸体への恥じらいを人類の生得的な特徴であると考えるところから出発する。慎み説は「人前で服を脱ぐことなど常識では考えられない」という多くの人々の日常的感覚と一致するものの、被服研究者たちの中で、これを信奉する者はほとんどいないようである。

慎み説が否定される決定的な理由は、裸体への羞恥感が人類にとって普遍的な感性ではないという点である。カイザー（Kaiser 1985）はその根拠として四つの点を挙げている。一つは一定の年齢に達するまで人は裸体を恥じらわないこと、二つ目は裸で生活する民族が存在することや、地域によって隠すべき身体部分が異なること、三つ目は同じ地域でも時代によって身体を隠す基準が異なっていること、そして、四つ目は海水浴場でのビキニの例が示すように、状況によって裸を恥ずかしいと感じない場合があること、などである。このように、裸に対する羞恥感は、年齢、文化、時代、状況などによってまちまちであることから、「裸が恥ずかしい」という意識は人類に共通する〈本能〉ではなく、あくまで個々の社会の中で人間が勝手に作った規範でしかないとする。被服心理学の概説書では、慎み説をこのように否定したうえで、衣服は天候の変化や怪我から身体を守るために発明されたとする保護説、自己の社会的身分や個性、あるいは性的魅力をアピールするために用いられたとする装飾説などを科学的な被服の起源論として紹介するのが慣例のようである（Horn & Gurel 1981／Kaiser 1985）。

裸体への態度に及ぼす文化的、教育的影響に関しては、ゴールドマンら（Goldman 1981）が行った調査報告によっても示唆されている。この調査では、イギリス、北アメリカ、オーストラリア、スウェーデンの四つの地域に住む5歳から15歳までの男女838名を対象に、「暖かくて気候が良いところに住んでいたとしても、私たちは服を着なければならないと思うか」との質問を行い、裸に対する規範意識とその規定要因を検討している。服を着るべきと答えた者の比率はオーストラリア、イギリス、北アメリカの順に高くなっており、これは各地域の冬季の平均気温の順番と一致していた。ところが、気温がさらに低いはずのスウェーデンでは服を着る必要があるとする比率が四地域中、最も低くなっており、裸に対する規範が気候条件だけでは決まらないことも示された。ゴールドマンらは、スウェーデンにおける進んだ性教育が、こうした裸に対する性的な抵抗感を減らしているのではないかとし、裸体に対する感性に学校や家庭での教育が大きな影響力をもつと主張している。

裸体に対する羞恥の普遍的側面

「裸が恥ずかしいのは、それを恥ずべき行為だと社会が決めたからだ」という規範説は、確かに裸体に対する羞恥心の多様性をうまく説明してくれる。しかし、裸体を恥ずかしがらない人々や状況や時代についての例をあげることはできても、圧倒的に多くの地域で、実際に人前での裸が恥ずべき行為と考えられているのも事実である。これはどう説明できるのだろうか。

人類学者のデュル（Duerr 1988）は、『文明化の過程の神話』という著書の中で、古今東西のさまざまな具体的事例を示しながら、裸体への羞恥が単に文化的、社会的規範の問題として片付けられてしまうことに異論を唱えている。著書名における〈神話〉ということばは、「三歳児神話」などと同様に、「広く信じられているが実は誤った考え方」という意味で使われている。デュルが〈神話〉として否定する「文明化の過程」理論は、ドイツの社会学者、エリアス（Elias 1939）によるヨーロッパ文化史観である。エリアスによれば、欧州人が初めて動物的衝動をコントロールすることを学んだのは16世紀以降、社会が複雑化、組織化し人間関係の重要性が高まった後のことで、それ以前、人前での裸や排泄は決して恥ずかしいことではなく、堂々と行われていたとする。つまり、裸体への羞恥は性や排泄への羞恥と並んで、欧米社会のような高度に文明化された社会において初めてもたらされた感性であるというわけである。

デュルはこうした説明が、一種の〈神話〉にすぎず、人類は少なくとも有史以来、普遍的に裸や性を羞恥の対象とし隠そうとしてきたと主張する。そして、裸体に対する大らかさを示す例としてエリアスが挙げた中世の浴場画などを再検討し反論を加えている。デュルによれば、男女が入り乱れ、時には性的な行為に及んでいるように見える絵画は、実はその多くが売春宿を描いたものであったり、男女の愛情を象徴的に描いたものであったり、湯治場における特殊な風景であって、必ずしも中世の人々の日常的生活を代表するものではないと主張している。さらに、当時の文章には異性の風呂をあえて覗く者がいたり、裸のまま外出することが厳しい批判や処罰の対象となっていた様子が明確に残されていて、当時においても裸は隠すべき対象であったことが分かるとしている。

視線の作法

もし、デュルが言うように、裸であることが過去も現在も、人類にとって恥ずかしいことだとすれば、現在、現に裸であることに抵抗を感じない人々についてはどう説明するのだろうか。デュルの考察はヨーロッパ社会を飛び出し、裸族と呼ばれる民族、ヌーディストのキャンプ、あるいは日本の混浴風呂などの資料を検討する。そして、一見、裸に対する羞恥心がないように見える人々や状況においても、そこには羞恥を低減させるようなさまざまな暗黙の習慣や規範が成立していることを見出している。

デュルが特に強調するのが視線の問題である。日本の共同浴場では手ぬぐいや薄絹などで自己の身体に対する他者の視線を防御しつつ、すばやく湯船につかるといった作法が求められる。これと同時に、デュルは裸を見る立場の側にも厳しい礼儀作法が課せられていると指摘する。すなわち、他人の裸が見えたとしてもそれを凝視してはいけないという暗黙の規範である。浴場の中では、あたかもお互いが「幻の衣服」をまとっているかの如く、他者の身体に関心を払わず自然に振る舞っている。それがある種の「わざとらしい雰囲気」をかもし出しているものの、凝視される心配がないという合意のもとで人々は裸になることができると言うのである。

視線の作法は、裸族の社会や欧米におけるヌーディストキャンプにおいてもまったく同様に認められるという。裸族の村では男性が女性の陰部を凝視することはタブーで、この規範を犯した者は厳しい社会的制裁を受ける場合が多い。そのために女性との間に距離をおいたり、すれ違う場合に後ろを向くなどの習慣が成り立っているという。また、ヌーディストの集まりにおいても、特に男性は自己の視線を厳しい自己管理下に置き、異性との会話場面では下方を向かず、その分通常よりも、相手の顔を見つめる時間が長くなることなどの例が紹介されている。

普遍的な「裸になることへの羞恥」は、「裸を見ることへの羞恥」という文化的規範を成立させることによって低減されうる。要するに、裸は人間にとってそもそも恥じらいの対象であるが、集団内における暗黙の工夫によって、裸が恥ずかしくない状況が作られているというのがデュルの主張と言えよう。もしこの見方が正しければ、裸でいられることは文化度の低さを示すものではなく、むしろ、高度な文化によって支えられているのかもしれない。

恐怖管理理論

もし、デュルの言うように裸体が人類に普遍的に恥ずかしい対象であるとすれば、それはどのような理由が考えられるだろうか。先にも述べたように、羞恥とは自己が社会から排斥される危険への警報である。裸体への羞恥が人類に共有された性質であるとすれば、その背景には、裸でいることが社会的批判の対象となる何らかの普遍的な理由があるはずである。

グリーンバーグら（Greenberg, et al. 1986）の恐怖管理理論はこうした問題に対して一つの答案を提供してくれるかもしれない。恐怖管理理論によれば、人は動物との連続性を意識するほど、自らもいずれは死ぬ運命にあることを意識し恐怖感を高める。こうした実存的恐怖感を払拭するため、人間は自らが文化的に意味づけられ、価値づけられた存在であることをことさら強調しようとするのだという。実験的に、自己の死の場面を想像させるなどして恐怖感を高めてやると、自己の思想信条を支持する気持ちがよけいに強まったり（Greenberg, et al. 1990）、外見に自信があって自己の身体が社会的に評価されていると思う者は、自己存在にとっての身体の重要性をより高く見積もるようになるなど（Goldenberg, et al. 2000）、恐怖管理理論を支持する多くの実験結果も報告されている。

また、死への不安を高めることが、人間の動物的、生物的性質への嫌悪感を高めるとする知見も得られている。ゴールデンバーグら（2001）は、被験者に自己の死の場面を想像させて死ぬべき運命を自覚させたところ、人の排泄物への嫌悪感が高まったり、人間と動物は異なる存在だと主張するエッセーへの好意度が高まったと報告している。この知見は人間の裸体に対しても適用できるかもしれない。裸のままの姿とは、まさに人間における動物性を象徴すると言える。それゆえ、裸は多くの人々にとって実存的な恐怖感を思い出させる刺激となり、嫌悪や排斥の対象となることが考えられる。このように、実存的恐怖心の管理という理由から、裸体は恥ずべきものとして隠されるようになったという説明も可能である。しかし、恐怖管理理論の研究は、自尊感情や自己の社会的態度に死の不安を低減する効果があるという側面に集中しており、裸体への嫌悪感との関連については現在のところまだ検証されていない。

性的刺激管理説

裸が他者から嫌われる理由として、それが異性を性的に挑発するからだと考えることもできる。モリス（Morris 1967）は、人類が生存のために共同体を形成したことで裸に対する羞恥感が芽生えたとして次のようなシナリオを示している。共同体の安定や子育てのため、男女関係は単なる生殖のための一時的なつながい関係から、永続的な共同生活のパートナーシップへと再編される必要があった。そのためヒトは特定の発情期を捨て、性的刺激に対する感受性を高め、そして身体に性的信号を送る機能を付加するなど、互いの存在の性的報酬価を高めたという。しかし、困ったことに、この性質は特定のつがい以外の異性をも性的に刺激してしまう可能性を高めてしまう。そうなれば、特定男女間の結びつきはかえって弱まり、共同体内での無用な性的闘争が活発化し共同体は崩壊しかねない。そこで、必要なことは性的な刺激を特定の異性に限定することであり、そのため配偶者以外の異性の前での裸体を隠すという習慣が発生したと説明する。先に取り上げたデュル（1990）も、同様の視点から特に女性が裸体を恥じらう理由として同様の指摘をしている。一つは男性間の性的闘争を助長し、社会的な安定が乱れることを防ぐことに役立ち、もう一つは配偶者との関係を密にすることで養育の負担を軽減して子孫の生存確率を高め、男性にとってはその子が自分の子である保証を提供するという。

いずれにせよ、裸体が配偶者以外の異性の性的欲求を喚起させる可能性があるとすれば、共同体全体にとって、裸は人間関係に不愉快な混乱を引き起こす原因として忌み嫌われ、批判や排除の対象になったとしても不思議はない。そうした論理から、自身の裸体を人前にさらす行為に対して人々がいつしか恥じらいを覚え、隠そうとするようになったと考えることができる。実際、現代においても身体を用いて異性を意図的に挑発する職業は、需要の割に社会的に高く評価されることが少ないことも、この理由から説明できるかもしれない。

性的な視線と裸体への羞恥

この説に立てば、恥じらいの対象となるのは裸体そのものではなく、裸体が有する性的誘引価であるということになる。そうだとすれば、自己の身体が他者に性的な刺激を与えていると感じるほど、あるいは、他者から自己の身体が性的な関心を向けられていると感じるほど、裸体への羞恥感は高まることが予想される。こうした関係を実証した研究は見あたらないが、日常生活の中のさまざまな事例はこの仮説を支持してくれるように思われる。

冒頭でも述べたように、裸体は状況によって恥ずかしい場合と恥ずかしくない場合とがある。後者の典型的な例として、海水浴、入浴、医療場面などを挙げたが、これらはいずれも、裸になることに性とは別の目的が存在する場面である。水の抵抗を軽くしたり、身体を洗ったり、医療的な診察や処置を受けるために衣服が邪魔であるという理由で裸になっているにすぎず、観察者はそこに性的な意味を見出しにくい。しかし、こうした状況においても、性的な視線を向ける人物がいるか、あるいは、そうした視線の存在を感じることで、人々は自己の身体に対し赤面や恥辱感を覚えずにはいられなくなるようである。

大林（1994）は婦人科や産婦人科での羞恥体験を調査しているが、医療場面で羞恥感を覚える典型的な場面は、女性の患者が医師の態度やことばの中に〈男性〉を感じたときであるとしている。たとえば、男性医師が診察をする際、「○○さんはスタイルが良い」と言ったり、検診台に上がったとき、同僚医が担当医に「おまえ、ふるえるなよ」などと冷やかす声が聞こえたときなどの事例を報告している。医師の実際の意識や意図にかかわりなく、患者がその視線の中に「性的関心」を読みとってしまうと羞恥や恥辱の感情を募らせる場合が多いことを示唆している。坂口（1991）も医療場面における羞恥の事例を分析し、医師や看護婦を対象に患者に恥ずかしさを抱かせないためのガイドラインを提起している。この中で、坂口は、患者に対して優越的な発言をしない、下着や服をできるだけ脱がさない、じろじろ見ない、聴診器は長く当てないなど、医師の意識の問題だけでなく、患者に無用な疑念を抱かせないような工夫をする必要性を唱えている。

ヌーディストクラブの規範

同様の記述は日本でヌーディストクラブを主宰する夏海（2000）の『ヌードライフへの招待』という著書の中にも見出すことができる。夏海によれば、ヌーディストとはしばしば誤解されるような露出趣味や乱交愛好者の集団とはまったく異なる存在であるという。日本では公に認められたヌーディストビーチなどがないため、著者は人気のない山や海岸などを探して、配偶者やサークルのメンバーと共に自然と触れ合いながら裸でいることの開放感を楽しんでいる。自然な反応として異性に性的な欲求を抱くことはあったとしても、それが目的の集まりではない。ヌーディズムとはあくまで裸でいることの爽快感や開放感を友人たちと共に楽しもうとするリクリエーションであり、健全なレジャーであることが著書の中で強調されている。

だからこそ、クラブへの参加には資格制限が加えられているようだ。夏海氏は、「本来、ヌードは広く解放すべき」としながらも、日本においてはまだ裸と性とが結びつけられやすく、「歪められた性意識のために、異性のヌードを見て性的な連想しかできない人が多数いるのが現実」であるという。実際、男性の単独参加者の中には、女性のヌードに対して、過度な関心をもったり頻繁に肉体的反応を示す人が少なからずいて、こういうメンバーがいる場合、女性たちは裸でいることに強いためらいを示すようになるらしい。事実、男性の単身参加者の多くはこうした理由から入会を断られたり、あるいは除名されたりするケースが多く、結果的に、クラブはカップルや家族での参加者が多くなるという。「裸は本来恥ずかしいものではない」との信念をもった人々においても、性的視線を感じることによって裸の開放感は台無しにされてしまうようである。

「公衆授乳」の是非

人前での乳房から授乳する行為を「公衆授乳」と言うが、公衆授乳が是か非かという議論の中でも裸への性的意味づけの問題は重要なテーマとなるようだ。近年、米国では人前で母親が乳房を出して授乳する権利を法律的に認めようとする傾向もあるようだが、日本においても、2001年の7月から8月にかけ、朝日新聞のウェッブサイト（Asahi.com）でディスカッションが行われている。電車の中で乳児に乳房で授乳する行為がマナー違反であるか否かについて賛成派、反対派に分かれ、掲示板上で熱心な討論が交わされた。議論の発端は、公共マナーに関するスレッドの中で、車内化粧やジベタリアンなどと共に車内での授乳がマナー違反の例に挙げられたことである。これに対し、ある母親から乳児の泣きを静めるためにどうしても授乳が必要であり、なるべく周囲に見えないよう配慮しながらの授乳は認めてくれとの意見が提起されたが、この書き込みに関して、「電車の中で乳房を出すなど信じられない」「羞恥心の欠如を感じる」「女性を捨てている」「見ているだけで不愉快」など、マナーの問題というより女性としての感性を問題にした書き込みが数件寄せられた。

これをきっかけに、賛成派、反対派に分かれて議論が始まることになるが、争点は大きく分けて二つある。一つは、「子育てを支援する大らかさが社会の中にあってもよいのではないか」とする賛成派と、「子育てを神聖化することで、不快な思いをしている人たちに我慢せよと圧力をかけているように感じる」とする反対派の対立である。これは地域社会と子育てとの関係にとって重要なテーマであるが、ここで問題にしたいのは次の第二の論点である。すなわち、「授乳時の乳房は乳児の食欲を満たすための道具であり、これに欲情する男性は歪んだ一部の人たちだ」とする賛成派と、「都会の中にはさまざまな人がいて車中で性的な嫌がらせを受けるリスクは十分にあり、また、母親当人ではなく他の女性にはけ口が向かう可能性も捨てきれない」とする反対派の対立である。

このように、第二の対立点はまさに授乳中の乳房が性的な対象物であるか否かの議論である。反対派は乳房を露出する行為は明らかに性的なイメージが強く、異性を挑発する恐れがあるので恥じるべきだと考える。一方、賛成派は、あくまで乳房を出すのは授乳のためであり人に見せるためではないので必ずしも恥じる必要はないとしている。興味深いのは、賛成派も反対派も「身体の露出が恥ずかしいか否かはその部位が性的な関心を引き起こすかどうかで決まる」と考えていることで、ここでも「裸体への羞恥＝性的対象」の図式が暗黙のうちに成立していることを示している。

脱衣と羞恥

これまで見てきたように、裸体の持つ性的刺激を適切に管理しようとする必要性が裸への恥じらいを生み出しているとすれば、被服の起源としての「慎み説」はもう一度脚光を浴びる権利があることになる。すなわち、被服研究者の見解に反して、「社会的秩序を維持するため、自らの性的信号を何かで覆ったことが被服の始まりである」と考えることはできないのだろうか。モリス（1967）などはこうした考え方の急先鋒であるが、しかし、この性的刺激管理説を採用しようとすると、どうしても腑に落ちない問題が浮かび上がる。完全な裸よりも、一部を隠している身体のほうが往々にしてエロティックに見えるという経験的な事実である。

マックラフら（McCullough, et al. 1977）によれば、アメリカの男性にとって性的な刺激を受ける服装は、臍や背中、腕など身体の一部を露出させた服装、身体にぴったり合った服装、あるいは、ボタンの一部を外した格好など、衣服で覆われていながらも裸体をイメージさせる姿であることを見出している。一瞬の合間に身体の一部が垣間見える様子がセクシーであるとする、いわゆる「チラリズム」なる俗語も上記の欧米の研究と同様の感性を示しているように思われる。もしそうなら、衣服によって裸体の性的な刺激を低減させようとした私たちの祖先の目論見は大失敗に終わったことになってしまう。性器や裸体の一部が覆われることで、なぜ人の身体はかえってエロティックに見えてしまうのだろうか。

衣服の登場以前、裸はさほど異性を性的に挑発するものではなかったのかもしれない。裸体は当然のことながらヒトとしての最も自然な状態であり、祖先たちは裸で身体を洗い清め、海で泳ぎ、開放感を楽しみつつ日常生活を送っていたはずである。しかし、衣服が常態化するにつれて、裸体はエロティックな性質を帯びるようになっていったのではないだろうか。正確に言えば、裸体が性的になったというよりも、衣服を脱ぐという行為が性的意味をもつようになったと言うべきかもしれない。性的な交渉をもつためには、双方が着ているもの、特に性器を覆う布を取り去る必要がある。つまり、何かもっともな理由なしに人前で衣服を脱ぐという行為は、性交渉を行うための準備段階であり、また、そうした提案に応じるサインとしての意味づけがなされるようになったと考えられる。内部はつながっているにもかかわらず脱衣場だけは男女別々に分かれている混浴風呂、結局は裸で踊るのにわざわざ着物を着て登場するストリップショー、一見、不思議なこうした習慣も、裸ではなく、脱衣という行為にこそ特別な意味があると考えれば納得することができる。

先に述べたように、性的な結びつきが特定の男女間に限定されたことで、相手かまわず性的交渉を迫る人物は社会的安定を乱す異分子として厳しく排除されたに違いない。そして、衣服の登場以来、何らの必然性なしに人前で服を脱ぐ行為はまさにそうした性的意図の分かりやすい指標となってしまったのである。このような事情から、性行為以外の別な目的が明確に周知され、また担保されている場でない限り、私たちは裸になった自らの姿を強く警戒し恥じらうのではないだろうか。それは、病院の患者も、ヌーディストも、混浴の客も、裸族も、皆同じであろうと思われる。

身体の隠蔽と発達研究

人間は自己の身体を隠蔽する唯一の動物である。なぜ、私たちは裸になることが恥ずかしいのか？本章ではそうした意識が発生してきた文化‐社会的プロセスを裸と社会との複雑な関係を整理することによって考察してきた。しかし、これと同様の変化は個人の発達過程の中にも見て取ることができるかもしれない。ルイス（Lewis 1989）によれば羞恥は自己を客体化する能力を前提に発達する。彼らの観察では、自己意識が成立する直後の2歳の段階で、他者の注視のもとにおかれた多くの幼児が羞恥の表情を浮かべたという。しかし、裸体への羞恥に限定すれば、その発生はもっと後になってからのように思われる。経験上しばしば指摘されることだが、裸体に恥じらいを覚える時期と身体が性的刺激価を帯びる第二次性徴の発現とは一致すると言われる。もし、これが本当ならば、本論で指摘した「性的刺激管理説」は新たな傍証を得ることになる。

身体とは誰もが生まれたときから所有する素朴でありふれた対象である。ところが発達してゆく中で、人間はこの身体に様々な思いやこだわりを抱き始めることになる。本来、最も自然な姿であるはずの裸体にそんな意味を付与するのは、おそらく「社会」であるように思われる。同種の仲間たちと複雑多様な協調共同関係を形成する上で、個々人の生身の体はコントロールや演出を余儀なくされる様々な社会的圧力にさらされるのである。いずれにせよ、身体に対する様々なこだわりが、発達過程の中でどう発生し、展開して行くかという問題は、個人としての人間と社会的存在としての人間との葛藤や融合といった極めて興味深いテーマに関して多くの資料を提供してくれるように思われる。

2章 食べる・排泄する

はじめに

私たちの身体は、資源の秩序をもった集まりである。ちょうど川とそこでの水の流れの関係のように、その構造には継続性があるが、それを構成する要素は絶えず新しいものと入れ替わっている。育つということは、そのような資源を環境から取り込み、入れ替えを繰り返しながら、年月とともにその構造と機能が変化していくことであり、また育てるということは、そういう過程の延長線上にある成熟を経て、子という別の身体を産み出し、その育ちを支えることである。そしてそのような身体と環境間の資源の入れ替わりを直接支える重要な行動が「食」と「排泄」である。身体から発達を考えるという作業にとってこういう認識は不可欠のものであり、食べたり排泄したりする行動の推移を明らかにすることは、発達研究の基本的課題である。

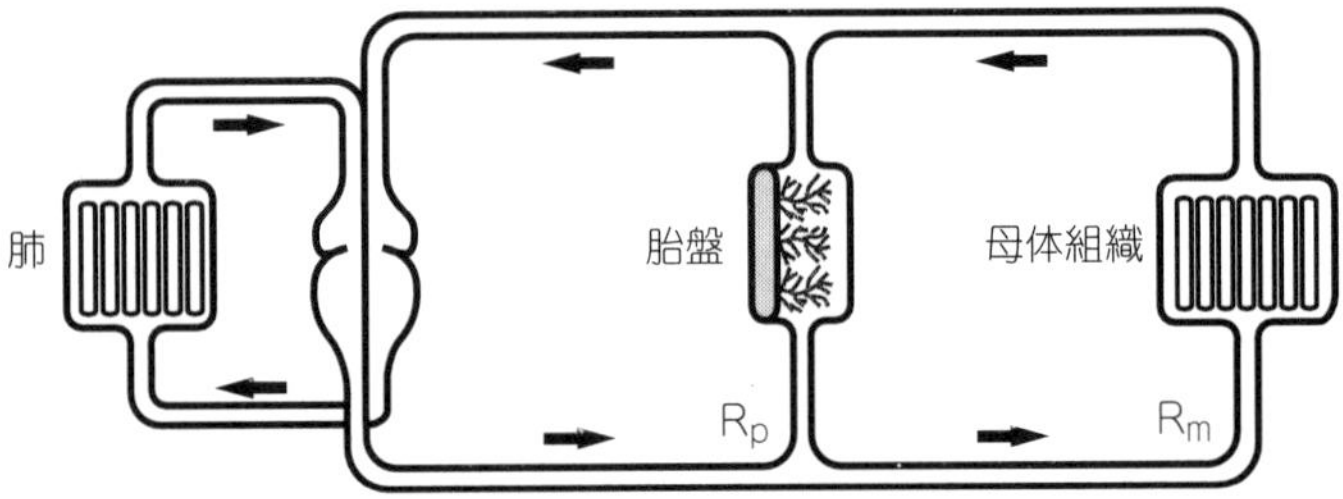

図2-1　妊娠中の母親における血液循環（Haig 1999）
R_pとR_mはそれぞれ胎盤と母体組織への血流抵抗を示し、$R_m/(R_m+R_p)$によって胎児の分け前が決まる。

食べる

食は環境資源の身体への取り込みであり、その摂取と消化吸収のために動物はさまざまな器官と行動を進化させてきた。さらに、子の食はその初期において、母親自身の身体と食行動によって補助されており、それを脱して自律的に栄養摂取を行うことが狭義の離乳である（根ヶ山 1996a）。妊娠という状況では胎児が、母親の摂取した栄養を横流ししてもらうことによって栄養摂取している（Haig 1999 図2-1）。それを支えるのが胎盤であって、胎児の循環器系もそれにかなう仕組みを備えている。そして出産後は、それにかわって乳腺がその機能を担う。このように栄養が母親から子への「分け前」として、母親の身体を経由して子にわたり、それによって子の身体が養われるという仕組みが初期の母子関係を枠づけている。したがって、食をめぐる母子の身体関係の変化を考察することが、すなわち発達を描くことにもなる。

哺乳にみる身体性

出産後、子への栄養補給の役割が胎盤から乳腺に移り、乳頭を子が吸うことによって栄養が受け渡しされるようになる。胎盤や乳腺を経由して母親から子に渡される栄養は、母親の生存にとっての限られた資源でもあって、子の成長とともにその要求量が増え、その授受をめぐって親子間に対立の構図が強まる。その対立は、胎内期のみならず離乳期（Trivers 1974）にも見られる。その意味で母子間には、再調整を組み込んだコンフリクトが反復的に到来すると言うべきだろう。

出産後の母子関係は「行動的他者性」（根ヶ山 2002a）をもち、母子間のさまざまな行動的関与が多様な関係のあり方を生む。哺乳における子の役割は、乳首を吸うという行動に代表される。それは「摂乳」と呼ばれるべき能動的行為であり、吸うことが刺激となって母体から泌乳がうながされるという連携性がある。母親の身体の乳汁産出能力と子の身体の乳汁吸飲能力の働き合いで哺乳が成立するということである。これは子の行動と母親の内分泌系の協働ということができる。

離乳は、母親の身体によって用意された栄養の摂取から、子自身の身体による栄養資源の取り込みへという母子の身体関係の変化である。筆者がニホンザルで行った研究によれば、まず母体の乳産生能が低下し、続いて子の固形物摂取が増加した（根ヶ山 1987）。そしてまさにその母乳から固形物への移行期に、母親の攻撃行動が多発した（Negayama 1981）。これはトリヴァースの母子コンフリクトモデルに合致する結果であった。

もっとも、霊長類の離乳における母親からの拒否の役割に関しては、それが大きな種と小さな種とがある（根ヶ山 1996b）。乳の栄養成分にも種差があり、それは子の成長速度を規定することから、母子関係の種差とも関連していると考えられる（Blurton Jones 1972／Daly & Wilson 1983 表2-1）。乳組成は言うまでもなく母体の乳産生能の一側面に関係し、母親の身体が子の発達の独立変数となることの一つの明瞭な例となっている。

乳を介した母子間の味の伝達

乳は、栄養資源というだけでなく独特の味や匂いを帯びていて、新生児はその匂いに対して特別な指向性をもっている（Makin & Porter 1989）。また、乳の匂いが母親のものであるか他人のものであるかについても、子は非常に早くから弁別することができるようになる（Russell 1976）。

母親の分泌する乳には母親の摂取した食物の味や匂いが反映されており、しかもそれを子は学習することも明らかになっている。それは母親による食の傾向を子に伝える重要な経路ともなっている。このような乳の役割は、食選択・回避の発達メカニズムとして重要なものである可能性がある。

ゲイレフとヘンダーソン（Galef & Henderson 1972）は、ネズミの母親の食傾向が子に伝わる経路として、「母親の糞」「母親の身体に付着した食物くず」「母乳」のうち、母乳のみがその手がかりになっていることを証明した。またウェンシュ（Wuensch 1978）もラットを用いて、タマネギの味が母乳を通じて子に伝わることにより、子の固形食の好みが影響されることを示している。

メネラとビーチャム（Mennella & Beauchamp 1999）は、授乳前に摂取したニンジンの味が2～3時

表2-1　哺乳間隔と乳組成の関係（Daly & Wilson 1983）

		乳組成	
種	哺乳間隔	脂肪%	蛋白%
アカカンガルー	持続的	4.0	3.9
ヒグマ	持続的	3.0	3.8
アカゲザル	子の要求に応じて	3.9	2.1
チンパンジー	子の要求に応じて	3.7	1.2
ヒト	子の要求に応じて	4.0	1.3
ブタ	1時間	4.0	3.7
ラット	2-3時間	12.6	9.2
キツネ	2-3時間	6.3	6.2
ネコ	2-3時間	4.9	7.1
ハリネズミ	3-4時間	10.1	7.2
ハムスター	2-4時間	12.6	9.0
コヨーテ	3-4時間	10.7	9.9
ウサギ	4時間	10.4	15.5
ライオン	6-8時間	9.5	9.4
インパラ	8-12時間	20.4	10.8
オジロジカ	12時間	19.6	10.3

Ben Shaul 1962をもとに作成

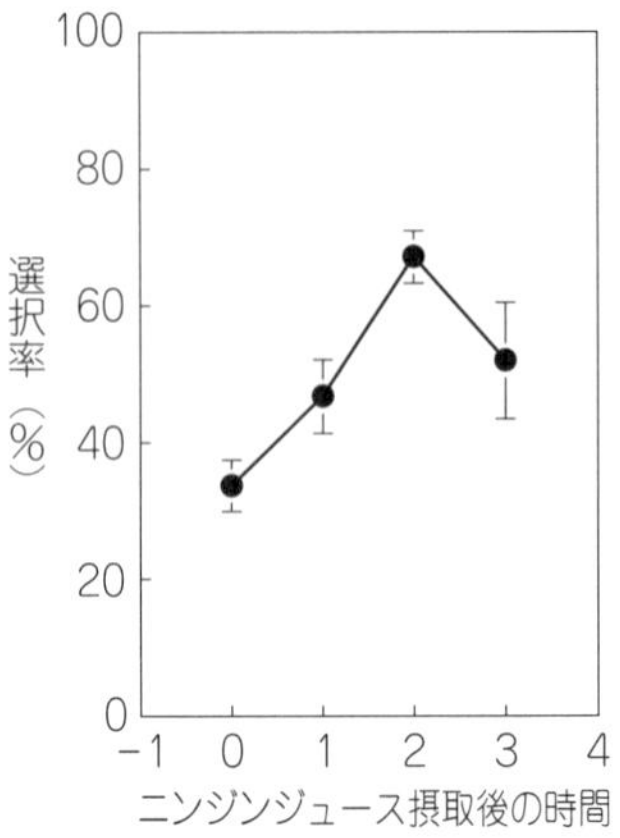

図 2 - 2　母親の摂取した味の母乳への反映（Mennella & Beauchamp 1999）
ニンジンジュースを飲んだ後に採取された母乳が、飲む前に採取された母乳に比べてよりニンジン臭をもつか、あるいはより強い匂いをもつと判断された割合。

間後にはヒトの母乳の匂いに反映されることや（図 2 - 2）、ニンジンジュースを飲んだ母親の母乳を摂取した子はニンジンジュースでといったシリアルの摂取量と摂取時間が有意に低下することなどを明らかにし、母乳の匂い・味には母親の食が反映され、それが子の固形食摂取にも影響を及ぼすことを示した。

乳はさらに、免疫成分（Newman 1995）やその対極の病原因子など、母親のさまざまな身体特性を帯びたものである。このように母乳は、母子の身体間を受け渡されるある種の重要な情報や身体機能などの伝達媒体でもある。しかしながらヒトの場合、哺乳が母乳でなく人工乳によってなされることがある。人工乳は量や組成、免疫、味などにおいて母親の身体の規定を受けない栄養資源であり、そのことは母乳哺育とは大きく異なる点である。

ヒトの哺乳が母子の身体間でなされる行為の次元を超えた様相を呈しているのは、人工乳の存在のみによるのではない。授乳・離乳の時期や方法は、家電製品などの育児補助具、産院での母子同・異室制、夫などの家族の考え、家族をとりまく保健指導・労働環境など身体以外の多様な社会・文化的変数によっても規定されている（Berg-Cross, et al. 1979／Buxton, et al. 1991／Lindenberg, et al. 1990／Littman 1994／Ryback, et al. 1980／Vandiver 1997）。このように人間の哺乳・離乳は母子の身体性と必ずしも完全に連動しているわけではなく、むしろそうであるからこそ、母子の身体間でなされる部分を自覚的に確認しておくことの必要性を痛感するのである。

固形食を通じた食物情報の伝達

離乳という親の身体的負担の軽減は、子の乳に対する依存の減少と固形食への指向性の増大とが並行して生じることによって成り立つ。固形食を子が食べるようになると、母子間の身体の関与はいっそう希薄化するように思われる。しかし、完全に分離されるわけでもない。子自身の身体が、消化器系の充実と歯の萌出によって食物処理を担いうるだけの備えをもつようになるまで、親には哺乳を続けるか、もしくは過渡的段階として固形食の処理を部分的に補佐するか、という二つの育児方略がある。

固形食の処理を部分的に補佐するという、親子のオーバーラップした身体関係の一つの典型例として、親の「吐き戻し」による子の消化のサポートがある。哺乳類では、イヌ科（オオカミ、キツネ、

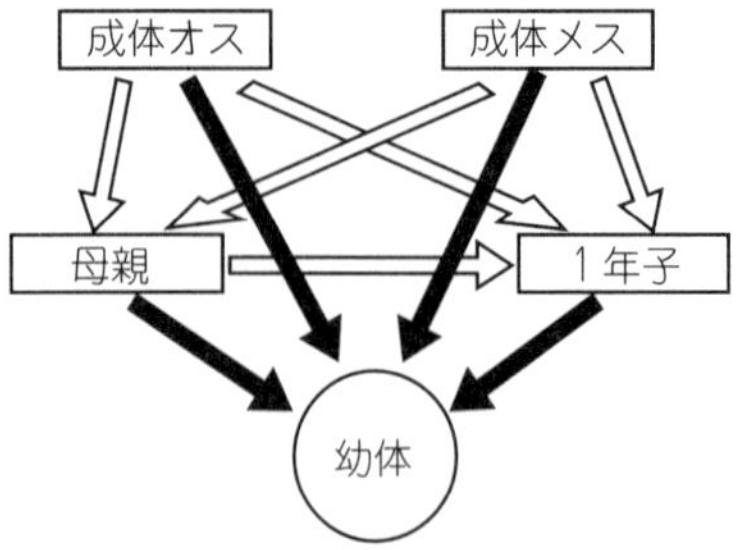

図2-3　オオカミの群れにおける個体間の吐き戻し行動（Malm & Jensen 1993）
黒い矢印が幼体への吐き戻し行動を示す。

ジャッカルなど）にこの吐き戻し行動がよく見られる。獲物を狩り、咀嚼《そしゃく》し、嚥下《えんげ》し、半ば消化までしてから子に渡すことで、まだ固形食に完全に適応した消化器をもたない子の食行動の負荷を軽減してやっている。これをマームとジェンセン（Malm & Jensen 1993）は「ベビーフード機能」と呼んだ。それと同時に親も、母乳で育てるとしたら自分の身体でカバーせねばならない消化吸収の負担を、これによって大きく軽減していることになる。しかも吐き戻しは、母親以外の群れ個体（雄を含めて）でも行うことができ、子への栄養供給の負担を分散できるという利点もある（図2-3）。それ以外にも、成体によって半消化された食物は彼らの酵素や腸内細菌を含み、かつその餌を学習することに関与している可能性がある。

ヒトにおいては、吐き戻しこそないが、親が子に食べ物を口でほぐして与えることは、場合によって見られる。さらに、われわれにとってより一般的なのは、調理とそれに続く供給行動である。調理という加工は、身体関係は薄いが、機能的にはイヌ科の動物に見られる吐き戻しや噛み砕き行動に近いものと言ってよいであろう。固形食摂取における子の主たる役割は、最初は取り込みとしての嚥下《えんげ》であるが、やがて咀嚼《そしゃく》や口腔内での混ぜ合わせが可能となり、さらに手で直接にまたは道具により食物を加工し口に運ぶという関与を示すようになる。

協力的に離乳する母子

離乳を母子の対立的構図でとらえようとしたのはトリヴァースであった。しかし離乳は単に母親からの一方的な拒否のみで成り立っているのではなく、上述のような母子の身体関係を「協力」と呼ぶこともできる。筆者も、離乳の進行にはその一つの要素として、子の側に固形食摂取に対する好奇心や能動性があることを指摘した（根ヶ山 1989）。つまりこれらのことが示すように、親子の対立性という図式に離乳の問題を封じ込めてしまうことは、この問題の矮小化である。

身体資源の授受という点から見ると、離乳は栄養の絶対量にとどまらず、それの供給されるタイミングをめぐる確執であるという側面が決して小さくない（Barrett, et al. 1995）。子主体のタイミングから親主体のタイミングへのシフトをめぐる摩擦であるとも言える。それは子に「我慢」「待ち」をさせることを意味する。その際、子は単に親から要求を拒否されて仕方なく我慢するばかりでなく、好奇心をもち、積極的に親の期待に応えたり自立の兆候を模索したり誇示したりすることを喜びとする存在でもある。

このような視点は、自立を自ら積極的に志向する子ども観と、子どもの発達段階をモニターして柔軟に対応を変化させる母親観をもたらす。そのような二者がインタラクティブに協力してそれぞれの自立を果たすという母子観である（根ヶ山 2002b）。

また子が母親の乳頭を吸うことは、その結果として母体の排卵抑制をもたらすという働きもある（Maninger, et al. 2000）。乳を吸うということは、子の搾取的行動と見ることもできるが、立場をかえればそれによって母親の繁殖のペースを適度なレベルに調整しているとも考えられる。

ベイトソン（Bateson 1994）は、トリヴァース流の対立的母子観に対して、ダイナミックアセスメントの考え方を母子の反発性に導入した。それは、母子が行っているのは単純な親の拒否と子のそれへの対抗ではなく、親は拒否に対する子の反応を通じて子の発達レベルをモニターし、それによってダイナミックに関係のあり方を調整し協力的に分離を達成している、という考え方である。

ヒトの離乳は長期にわたり、かつ母子の反発性が低いという指摘がある（Dettwyler 1995／Fouts, et al. 2001／Konner & Worthman 1980）。ラ・レーチェ・リーグの卒乳式の離乳もその範疇にはいる。一方で、断乳という離乳の方式も存在する。人類学的知見のなかにも、母親からの拒否によって離乳が完了するという指摘もある（菅原 1993）。また、次子の出産は、明確な離乳の契機となる可能性がある。つまり、ヒトの離乳は、具体的なやりとりのレベルで見たときには、非反発・反発両戦略の混在するかなり選択の幅の広い過程であるととらえるべきであるように思われる（根ヶ山 2002b）。

大型類人猿の離乳は基本的に非反発型を示すといわれ、身体性からするとヒトもその範疇にはいるものと考えられる（根ヶ山 1996b）。しかしそこに人工乳や離乳食が存在し、また母子をとりまくさまざまな仕組みや制度が何重にも作用するのがヒトの哺乳・離乳である。それによって母乳が本来もっている身体の重要性が相対化され、選択肢が多様化した。このように、哺乳・離乳スタイルがいろいろありうることが、私たちにとっておそらく意味のあることなのだろう。「どれが正しいか」ではなく、「どれが許容されうるか」が問われるべきだと思われる。

排泄する

ものを食べれば、その結果としてからだから「かす」が出てくる。排泄は、食と違って、当初から子の自律的な身体的機能である。発達心理学においては、排泄というとこれまでは基本的生活習慣の観点から、排泄をどこでどのように行うか、というその制御・自律にかかわるしつけや社会化の問題として扱われてきた（西本 1992／帆足 1995／矢倉他 1993）。

しかしながら本章の立場から言えば、基本的生活習慣の発達は、個々の課題ができるようになること自体、つまり個体行動の発達において意味があるのではなく、実は幼いうちは母親の身体が代行していた子の身体機能を徐々に子に受け渡していく過程、つまり親子関係の変容として見ることにおいてこそ意味をもつ。特に排泄については、排泄物という子の身体から出てくる資源への親のかかわりのあり方という側面を忘れるわけにいかない。

動物の親子の場合、排泄物は彼らにとってある種の栄養源になったり、親子の識別・結合などにもかかわる重要な資源となりうる（Gubrnick & Alberts 1983／Holinka & Carlson 1976／Horrell & Hodgson 1992）。またフロイト（Freud 1986）は、大便を、肛門を経由した子から親への「贈り物」とみなして、親子関係のあり方によって従順から反抗へとその意味が変わるような、重要な対象であるとした。

これらはいずれも、排泄物の正資源性を指摘するという意味合いが強い。しかし排泄物は同時に、衛生・感覚上好ましくない、親にとっての「不快」の対象である。かといって、赤ん坊の排泄物を嫌悪してそれに触れないままでいては子育てはできない。授乳や食事が親行動として必須のものであるならば、排泄物の処理もまた、それとまったく同じ重みにおいて必須のものである。

子の排泄物は親子双方にとって負の価値を帯びた資源で、子の身体から取り除くべき対象である。汚さや臭さ、外観・触感の悪さといった排泄物への嫌悪が発達的に変化し、それによって排泄の自立がうながされることは大いにありうる。つまり親による排泄物の処理は、このような評価と表裏一体となって行われるものであり、親が感じる大便や尿に対する不快の強度は、排便のしつけの進行と不可分であろう。いったい親は子の排泄物をどの程度否定的に受け止めているか、またその感情はどう発達するのであろうか。以下に、子の排泄物および老廃物をそのような身体的資源として位置づけ、発達に伴う親にとってのその意味の変化を描き出そうとする筆者の試みを紹介しよう。

身体産生物への嫌悪

筆者は、乳児期・幼児期・青年期の子をもつ父親・母親に対して、子・自分・他人の大便・尿・

痰・膿・血液・垢・かさぶた・よだれ・唾液・鼻くそ・抜け毛・切った爪の12種類の身体産生物が手に触れた状況をそれぞれ想像してもらい、その際の快・不快感情を評定させた。そこで明らかになったことは、自分のものに比べて乳児期の子のそれらは一貫して不快の程度が低く（つまり相対的により快であり）、子の年齢が上昇すると不快度も増えるということであった（Negayama 1998-1999）。それらの中では、大便が最も不快なものであった。

その不快の増大について、発達の節目がどこにあるかを明らかにするため、0～47ヶ月齢の子をもつ親347名に対して、同様な手続きで快・不快感を尋ねた。その結果、大便の1歳時点前後にかけての嫌悪の増大を例外として、2～3歳までとそれ以降とで、親の感情に大きな差異が見られるようになることが示された（図2-4）。この節目は排便・排尿の予告ができる時期と、また大便の嫌悪が増大する時期は子どもの普通食の開始時期と、それぞれ一致している（西本 1992）。また乳児において、離乳食の導入時期が早いと嫌悪も強い、という有意な関連があるという知見を筆者は得ている（未発表）。

乳児から思春期までの子の親において、親自身の身体産生物と子の身体産生物への嫌悪を7段階で評定してもらい、その相対値を産出したところ、その値が1以下、すなわち子のものが自分のものよりも相対的に快の状態から、1より大きくなる移行期は5歳前後であることが分かった（未発表）。その時期に、親と子の身体関係が質的に変化している可能性が示唆される。

これらの結果をまとめると、赤ん坊の排泄物は当初さほど汚くないと思われており、子が成長する

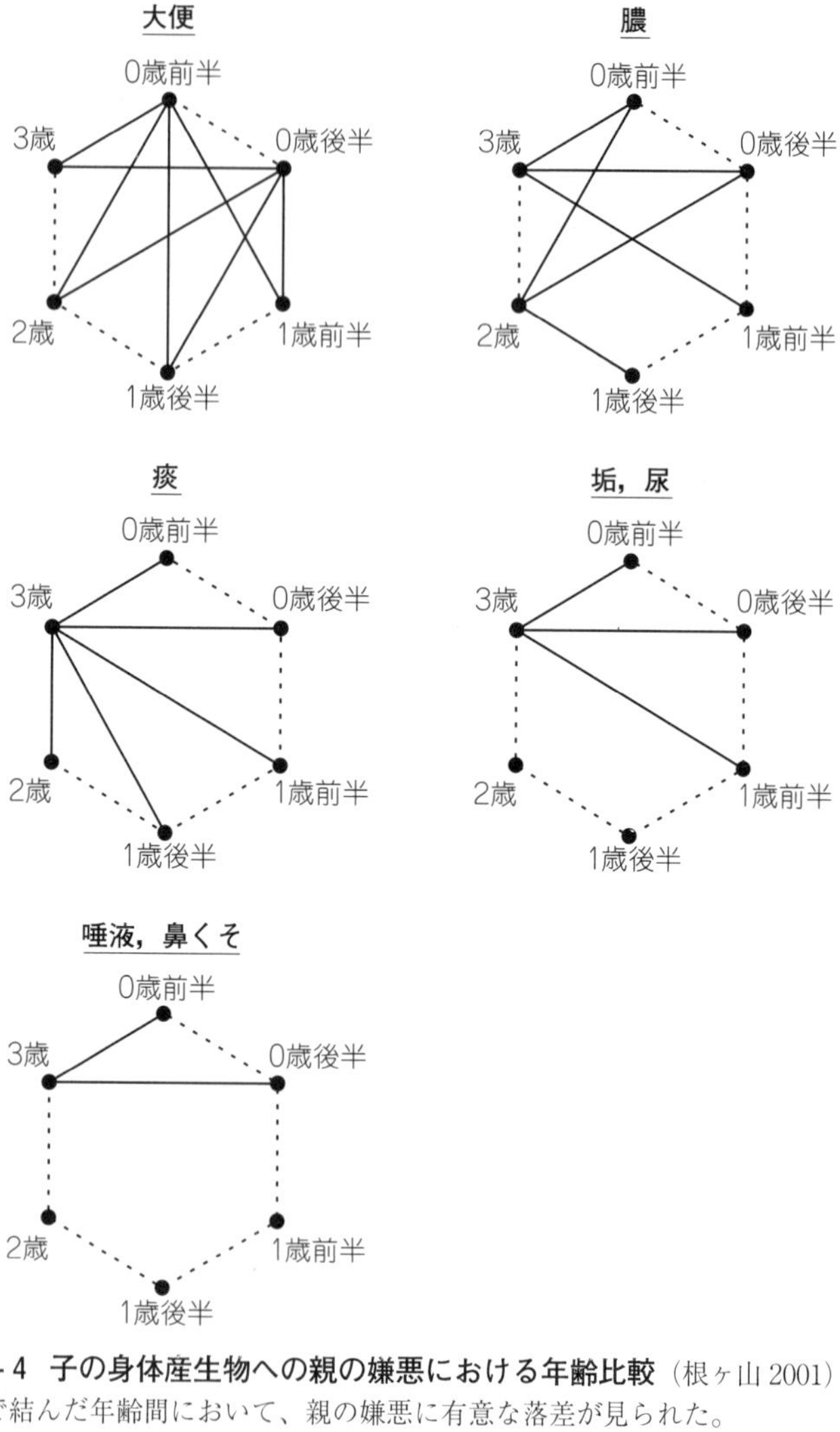

図2-4　子の身体産生物への親の嫌悪における年齢比較（根ヶ山 2001）
実線で結んだ年齢間において、親の嫌悪に有意な落差が見られた。

につれてそれへの嫌悪が増大する。その嫌悪は、子の自律的な排泄行動の促しや、排泄物の処理に対する方法の変更を促進するものと予想される。それは、親子の心理・行動的分離に反映されるであろう。排泄はしつけという「きれい事」の次元だけでなく、快・不快という感情レベルでの体験を伴い、むしろそういう身体性に強く動機づけられて分離・自立が促進されるものと認識すべきであろう。

まとめ

子は栄養を母親の身体に依存して受け取ること、その資源授受の形態は発達とともに劇的に推移すること、その推移に母子間の身体性が存在すること、またその結果として産生される子の排泄物が親にとって、子の成長に伴う有意な資源であること、などを順次指摘してきた。ということは、何を食べ、その結果何を出すかがともに親子関係を形作る大きな要素になっていることを意味し、そのことから離乳が排泄を含む広義の過程であることが示唆される。こういう視点はこれまでまったく顧みられてこなかった側面であるが、人間の発達を学際的に見る大変重要かつ興味深い視点であるし、それによって開かれる発達の次元は大きい。

そういう視点をとることによって新たに見えてくるものの一つは、親子関係の生涯発達や文化比較を単一の物差しによって測りうる可能性である。実際に筆者らはこのテーマによって日仏比較を行い、文化差を明らかにしつつある。このことは、「性・インセスト」や「介護」における文化差にもつながっていく問題と言えよう。ライバックら（Ryback, et al. 1980）が示唆するように、哺乳・離乳・トイレットトレーニングといった育児行動は個々ばらばらになされるのではなく、親の育児観によって束ねられ、連携されるものであり、育児の文化差を構成する重要な側面なのである。

もう一つ見えてくる重要な問題は、環境と身体・行動・心理の疎通性である。発達とはそのような意味において環境と生活体、生活体と生活体の関係性の変化なのであり、それをとりもつのが資源という変数である。親子で言えば、それは母親と子の身体関係の変化、母親と子の身体資源をめぐる相克と協力の推移過程である。発達は親子間の「身別れ」の過程として見ることができるのであり、この問題は、家屋（たとえばトイレ）や衣服（たとえばおむつ）、食事（たとえば離乳）といった家政学的な諸問題とも分かちがたくつながっているのである。

3章 まちに住まう

はじめに

かつては「いえ」の周りには「むら」が広がっていた。すべての人はどこの誰だかお互いに知っており、それぞれの「いえ」の状況も知れ渡っており、何かことがあれば「むら」じゅう総出で寄り集まって対処するような、密度の濃い人間関係と強い社会的なルールが形成されていた。子どもは「むら」の中で人間関係を育み、「むら」のルールをたたき込まれ、やがて成長すると「むら」の一員として「むら」社会の維持・再生産に加わることになる。今ではこのような「むら」は力を失い、すっかり影を薄くしている。私たちは生活のすべてが常に「むら」とかかわるような、べたべたした窮屈な社会から抜け出し、一人ひとりがもっと自由に生活し行動できるような「まち」に住むようになっている。でもそれは、私たちの生活が「まち」とのかかわりをもたなくなったことを意味するのではないし、「まち」とのかかわりの重要性が必ずしも失われてしまったわけではない。

私たちは今「まち」に住み、「まち」の中でいろんな場所を利用したり、歩き回ったり、さまざまな人たちとかかわりながら生活をしている。そこには「いえ」にはない、生活の広がりがあり、（好むと好まざるとにかかわらず）他の人々と顔をつきあわせる機会があり、そしてさまざまな人によって構成される社会がある。ここでいう「まち」とは、自分の「いえ」の周りに広がる都市あるいは地域の環境のことを漠然と指したことばである。それは、どこまでも広がる住宅地であったり、住・商・工の混在した雑然とした町であったり、小さな漁村であってもよい。私たちは、生まれ育った「まち」やいま暮らしている「まち」と、深くかかわりながら生活してきたのだし、これからもかかわりながら生活していくだろう。

たとえば、もしあなたが都心に遊びに（あるいは仕事に）行きたいと思えば、まずは最寄りの駅まで足を運ぶ必要があるだろう。自分の家を出て、近所の家の軒先をかすめ、近くのバス通りや商店街を通り抜けていくことになる。そこにはいろんな人たちが住んでおり、またいろんな人たちがそこを訪れ利用している。あなたは少なくともそういった人たちの姿を見かけることだろう。そして同時に彼らは駅に向かうあなたの姿を認めることになる。それだけでもあなたはすでに「まち」の他者と出会っており、「まち」の社会とかかわっているのだ。仮に、自分の住んでいる「まち」とのかかわりなどもちたくないと思ったとしても、家にこもりきりになっているのでない限り、そのようなプロセスをスキップすることはできない。

そしてもしあなたが子どもだったり高齢者だったりしたら、あなたが生活する舞台は、好むと好まざるとにかかわらず、「まち」が多くを占めるようになる。子どもの場合には、自分で住む場所を選択することはできず、一方的に与えられた、そして現実にそこにある「まち」の中で育ち「まち」とかかわりながら大きくなっていく。高齢者の場合も、長年続けてきた仕事を退職して「まち」を出る機会が減少したり、足腰が弱ってきて生活範囲が縮小し、結果として日常生活をいとなむうえでの「まち」の重要性は相対的に高まることになる。あなたは、すでにそこにある「まち」の環境の中に身体ごと投げ出され、そこで「まち」とのかかわりを自ら作り出していかなければならない。身近でありながら見知らぬ世界であり、かつ日常的にかかわらざるを得ない「まち」、その中で折り合いをつけながらかかわりを作り出していくこと、そのようなプロセスが「まち」に住むことに伴っているのである。

この章では、子どもと高齢者の「まち」に広がる日常生活に注目する。子どもにしろ高齢者にしろ、環境の異なる地域では、「まち」とのかかわり方そのものがどうやら異なったものとなる。そのような差をもたらす環境の質について、そしてそれだけ影響を受けやすい私たち自身の環境とのかかわりについて、考えていきたい。

子どもの遊びにみる「まち」

2 地域での子どもの遊び場の比較

まずはじめに、異なる2地域での子どもの遊びを比較した研究に注目することにしたい。市岡による[1]この研究は、昭和60年代に開発された大規模な計画住宅団地（H団地）[2]と、震災・戦災などをくぐり抜けてきた低層密集の既成市街地（N地域）[3]という2地域を対象として、これらの「まち」を子どもの遊び環境として比較したものである。両地域に住む小学校2年生・4年生・6年生の各学年の小学生に、家の周りの地域でどこで誰とどのように遊ぶのかについて聞き取り調査し、両地域での遊び方の違いと、そしてその遊びを支える「まち」環境について分析・考察している。

市岡はまず、子どもの遊び場の選択のしかたを「場」探し、「場所」探し、「居場所」探しの三つに分類している。ここでの定義によると、「場」探しとは、与えられた場所で遊び場を選ぶという受身的な選択であり、遊び場としてしつらえられたり、自宅の目の前で親の目が届きやすいような、安心して遊べる「場」で遊ぶ。「場所」探しとは、遊びたい行為に合わせて遊び場を選ぶ能動的な選択であり、高度化・専門化した遊びに適した空間条件や機能性を満たした「場所」が見出される。「居場所」探しは、遊びを通して地域との関係を相対化し生活感を獲得する場を見出す行為であり、遊び場の空間的な条件だけでなく、社会的な条件を満たすような自分たちの「居場所」となりうるような空

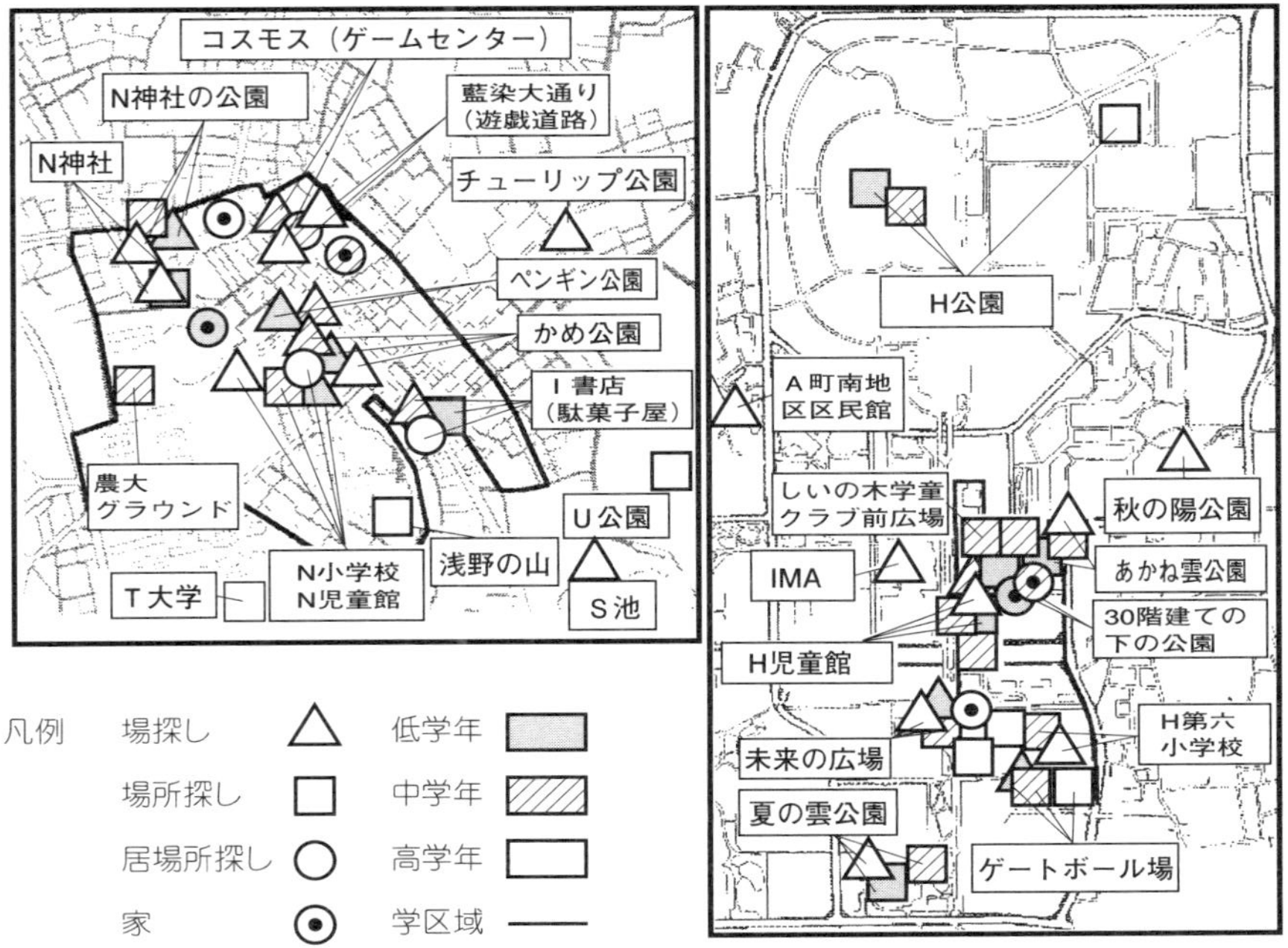

図3-1　N地域（左）とH団地（右）における学年別の子どもの遊び場（市岡 1993 より作成）

間、他の人と同じではない場所が多様に見出されるものである。この遊び場の分類を踏まえて、両地域の遊び環境としての「まち」の質を比較してみよう。図3-1は、両地域における2・4・6年生の中から典型的な子ども一人ずつの遊び場とその選択のしかたを表したものである。

既成市街地での遊び

自然発生的な住宅密集地であり、公園等の整備はお世辞にも豊かとは言えないN地域から見てみよう。ここでは、学年によって遊び場の分布が異なっており、行動範囲の広がりうる高学年ほど広範囲に分布していることが分かる。さらにそのような空間的な広がりに加え、学年によって遊びそのものが変わるとともに、遊び場の選ばれ方も変化している。

まず小学校の低学年のうちは、まちに点在する小さな児童遊園や放課後の小学校などで遊ぶことが多い。小さいながらも遊具などが配置されたこれらの場所は、いずれもいわば「遊び場」としてしつらえられ与えられた場所であり、とりあえず小さい子どもでも安心して遊ぶことができる。つまり「場」探しの段階にあると言えるだろう。

次に小学校も中学年になると、少しずつ遊びの内容も高度なものに変わってくる。たとえばドッジボールがやりたい、ハンドベースがやりたいというような要求に応じて、その遊びが可能な空間が選ばれるようになる。行動範囲も次第に広がり、より広範囲の地域の中から遊びの内容にふさわしい場所を見つけ出し、遊び場として選択している。これは、「場」探しに加えて、「場所」探しが行われるようになっていることを意味している。

さらに高学年になると、遊びの内容や遊び場に対する要求はより複雑になってくる。行動範囲がより広範囲になるとともに、他の人から邪魔されることなく特定の友達同士で一緒にいられる場所や、周りの人から少し距離をおくことのできるような場所が選ばれるようになる。これまでと同じ遊び場であっても、コミュニケーションを重視するなど、そこに新しい価値観を見出していることもある。遊びにおける自分たちの社会的欲求と、「まち」のさまざまな他者との社会的かかわりとのバランスの中で、「まち」中に自分たちの「居場所」を見出すようになるのである。

ここに見ることのできる小学生の姿は、学年が進行し身体的に発達するのに伴い行動範囲が物理的に広がるということだけでなく、自分たちの空間的な要求あるいは社会的な要求の変化に応じて、そのつどふさわしい場所を自分たちで探索し発見している姿である。たとえ遊び場として整えられた空間が貧弱であっても、「まち」のさまざまな場所に遊び場を見出し、あるいは自ら遊び場に変えていく、主体的・能動的な行為をそこに読みとることができるだろう。

計画団地での遊び

一方、計画的に整備されたH団地での子どもの遊び場はどうだろうか。H団地の子どもたちの遊び場は主にいくつかの公園である。H団地では地域全体をいくつかに分割した地区ごとに広場や公園が整備されており、平日は自宅に近いこれらの公園が主な遊び場となる。そこで学校帰りに友達同士で集まって遊ぶのだろう。加えて、H団地の北側には比較的遠くからもわざわざ訪れるようなかなり広大な公園（H公園）がつくられており、休日にはその公園の緑豊かな広場に家族で出かけて遊ぶことが多い。

そしてこのような遊び方のパターンには、年代による差はそれほど見られない。低学年のうちから、遊び場として整えられた何種類かの公園の空間特性を生かしながら比較的高度な遊びが行われており、その行動範囲も学区域を超えて広がっている。H団地の子どもたちはN地域と比較して、早い時期から広範囲の地域を使いこなしながら「場所」探しを行っているのである。ただし高学年になっても大きく遊び方が変わるわけではない。行動範囲はやや広がるものの、自分たちだけの「居場所」探しは行われず、新しい場所が自分たちの新しい価値観で見出され選択されることはなかった。

極端に言えば、小学校の低学年から高学年まで判で押したように、日曜日になるとお父さんとH公園に行ってキャッチボールをしているのである。それはほほえましい姿ではあるが、そこにはN地域で見られたような遊びの多様性、遊び場の多様性が見られないことに注意してほしい。子どもたちが自分たちの要求に応じて探索し発見した場所ではなく、はじめから何か「日曜日は公園でお父さんとキャッチボール」のような遊びのステレオタイプ的なパターンがあって、とにかくそれが選ばれているという印象すらあるのである。

遊びの身体性と社会性

子どもの「遊び」とはきわめて身体的な行為である。しかしそれは単に身体的な運動ということではなく、身体的にさまざまな場所でさまざまな対象とかかわっていき、そのかかわっている身体が他者からも認められるものであり、さらに他者から認められる存在であることを自ら意識した行為となる、という意味を含んでいる。N地域で見られたような遊び場を探索し発見する行為は、遊びが遊び場の中に閉じこめられ完結してしまうのではなく、遊びを通して「まち」と主体的にかかわり「まち」の環境を読みとり「まち」の中に自分を位置づけていくプロセスを伴っている。これらのプロセスを含み込んだ「遊ぶ」という身体的行為は、自分の親、友達、親しい仲間、「まち」の人々などとの社会的なかかわりの中に成立しているのである。そのとき子どもたちは、「公園で無邪気に遊ぶ子ども」として個別の存在を消してしまうのではなく、一人ひとり固有のかかわり方をもった存在として姿を現している。ここでの子どもたちの身体は社会的なものであり、また子どもたちの獲得した社会性は「遊び」という身体性を通してこそ得られたものと言えるだろう。

そのようなプロセスのうえで、「まち」の環境の果たす役割も無視できないことは、2地域の違いに現れている。子どもたちの学年に応じた「まち」の探索や「まち」に対するさまざまな働きかけを許容し、あるいはうながすような「まち」と、できあがった環境を与えることによって結果として子どもたちの遊びをその中に閉じこめて固定化してしまう「まち」の違いに、私たちはもっと目を向けていいのかもしれない。

2地域での高齢者の生活の比較

次に、筆者自身のかかわった調査結果を通じて、高齢者の日常生活における「まち」とのかかわりについて見ていくことにしたい[4]。この調査は、やはり性質の異なる2カ所の「まち」を対象に行われたものである。既成市街地のN地域（ここは子どもの遊びを調査したN地域と同一地域である）と昭和30年代に開発された大規模団地のA団地[5]において、高齢者の一人暮らしもしくは高齢者夫婦世帯を対象にして、ふだん「まち」の中のどんな場所を誰とどのような時にどのように利用しているかについて尋ね、比較したものである。

選択のされ方にみる地域の質

まず、日常の買い物の店が地域の中でどのように選択され利用されるのか、見てみよう。図3-2は、両地域の店の使い分けられ方の違いを示すものである[6]。

まずは両地域で利用される店の数に大きな違いがあることが分かる。A団地は、団地内のスーパー、隣の団地の商店街、駅前のいくつかのスーパーなど、利用される店がある程度決まっており、人によって利用する店はあまり変わらない。これに対しN地域では数多くの地域内商店が利用されており、またそれぞれの店を利用する人はあまり重ならず、個々人がさまざまな店をその人なりに選択して利用していることが示されている。

さらに、店の使われ方にも差が見られるようだ。店を選択する理由を聞いてみると、A団地では「近い」「坂を上らずにすむ」といった店の立地条件や、「安い」「物がいい」といった品物に対する評価が重視されている。買い物という目的に対し、なるべく条件のいい店を評価したうえで選択している。N地域では「店の人と顔馴染み」という人との軽いかかわり合いや、「融通の利いた対応がある」などその場の状況に応じて自分と店とのかかわり合いができることを重視している。買い物という目的だけでなく、かかわりのある場、あるいはかかわりのできる場として、店が選択されているのだ。

似たような違いは、店にいたる途中過程である道の使われ方にも現れている。A団地では、道についてて「坂が大変」「駅まで近い」あるいは「緑が多い」など、道自体の物理的性質・条件に対するコメントが多く得られた。これは道を事前に選択するための評価と考えられる。つまり、道は目的地への経路であり、なるべく条件のいい道を通るためにあらかじめ評価しておくもの、という道のとらえ方がされているのではないだろうか。これに対しN地域では、「道をさまざまに使い分ける」「その日により道を変えて通る」など、その場の状況や気分に応じて選択するという、流動的なかかわり方を示すコメントが多い。時には「途中の植木を見るのが楽しみ」などという、道を歩くことでの小さなかかわり・発見などが起きることもある。道自体が単なる経路以上の意味をもち、何らかの相互関係が起こりうる場となっている。

■は利用される店舗。線は太いほど、その線によって結ばれた両端の店を両方利用する人が多いことを示す。註6参照。

図3-2-1　N地域における高齢者による店の使い分けられ方

■は利用される店舗。線は太いほど、その線によって結ばれた両端の店を両方利用する人が多いことを示す。註6参照。

図3-2-2　A団地における高齢者による店の使い分けられ方

これだけのことから見ても、この2地域における高齢者の日常生活は、「まち」に対するかかわり方にかなりの差があるように思える。A団地の高齢者にとって「買い物」とは購買を目的とした行動であり、目的達成のための手段として最もよい条件を備えた店や道が選ばれている（結果として似たような場所が選ばれることになる）。これに対し、N地域の高齢者にとっての「買い物」とは、単に購買のための行動ではない。店であれそこにいたる道であれ、人や場所とのさまざまなかかわりが含まれており、しかもそのかかわり方は人により個別的で多様である。買い物をしに「まち」に出ることで、自分なりの「まち」とのかかわりを作り出すことにもなっているのだ。

振る舞い方にみる場所の質

次に、このようにして選択されたそれぞれの場所の質について、もう少し詳しく見てみよう。N地域でみたように、ふだん買い物する店には買い物以外にもさまざまなかかわりが付随していることが多く、そのような店を単純に「商業施設」「購買機能」と一括りにするだけではその場所の質をとらえきれない。高齢者がある場所を選択して利用するのは、便利さ・安さ・快適さということだけでなく、気軽にアクセスしやすいこと、自分なりの振る舞い方やかかわり方ができること、新たな発見があったり情報が得られること等といったことも、大きな理由となっている。[7]

具体的な例として、まちなかの銭湯と入浴機能のある高齢者施設の場所の質の違いを挙げてみよう。（ただしここでは家庭風呂のない家も多く含まれるN地域内の場所を対象とした。）高齢者にとって、どちらも入浴という意味では、同じような機能の提供される場所である。そして銭湯はお金を払って入浴する場所だが、高齢者施設は無料で入浴できる。だからといって皆が施設の風呂を利用するわけではない。施設は利用時間が昼間に限られており、また一度利用した人の話によると、そこで自分の好きに振る舞おうとすると常連からクレームがつくこともあり、結果的に振る舞い方の制限された気軽にアクセスしにくい場所となってしまっている。逆に銭湯は入浴代がかかるが、好きなときに好きなように利用できる。そこはさまざまな属性の人たちが利用しており、毎日のように通って友達を作ってもいいし、気の向いたときだけ行ってもよく、とくに話などせずに他の人の話に聞き耳を立てるだけでもいい。つまりかかわり方や振る舞い方の幅も広いのである。

実際に銭湯は日常的にいろいろな人に利用されているのに対し、無料のはずの施設の風呂は特定の人以外には利用されておらず、多くの人ははじめから利用しないかせいぜい一度利用しただけというように、両者の使われ方には大きな差がみられた。その理由の一端には、このようなそれぞれの場所の質の違いが大きく影響しているのではないだろうか。

ここにみる場所の質の違いは、繰り返しになるが、その場所の目的とする機能という面だけからはとらえきれない。利用する時間が決められているのか自由に選択できるのか、そこでの振る舞いの幅が限定されているのかいないのかなどといった場所の質、それを場所の許容性と呼ぶことにしたい。その場所の許容性が広いほど、さまざまな人のさまざまな居方・振る舞い方が許容され、一人ひとりが自分なりのかかわり方をすることが可能になる。

表3-1　場の種類

場の種類	Weの場	Theyの場	WeとTheyの複合	Youの場
模式図				
場の参加形態	私の個人的に親しい人の集まり	私の全く知らない他人同士の集まり	他人ばかりの中で個人的に親しい人で集まる	私と他人とをつなぐ媒介者がいる
関わりの規定性	場の中ではかなり密度の高い関係が要求される。関係が外に広がることはない。	場の中でのコミュニケーションが要求されない。個人個人はバラバラの存在。	Weの関係は内部だけで完結しており、Theyに広がっていくことはない。	Youを媒介とすることでTheyと間接的な関わりを持ち、場での関係が選択できる。

コミュニケーションにみる場所の質

もう一つ、地域のさまざまな場所におけるコミュニケーションの質についても考察してみよう。ここでは親密度とかコミュニケーションの濃淡という軸ではなく、その場所においてどれだけ人とのかかわり方を選択できるのか、という許容性の側面から、人の集まりの見られる場所の質をいくつかに分類してみたい（表3-1）。

まず、交流すること自体を目的とした（社交クラブのような）集まりがある。ここでは、お互い同士仲良くしあうようなかなり密度の高い社会的関係を要求されることが多い。このような、お互い親しい知り合いで構成された場面を「Weの場」と呼ぶことにする。その場に参加している人が「わたしたち」と括られるような帰属意識をもつためである。これに対して、行政の企画した市民講座や不特定多数の訪れるデパートのような場所では、人が集まってはいるがほとんどコミュニケーションは起こらない。全員が他人同士・三人称であるという意味で「Theyの場」と呼ぼう。さらに、友だち同士でデパートに行くような、Theyの中で数人でWeを作っている複合化した場もある。一見対照的に見える「Weの場」と「Theyの場」だが、その場での関係のレベルを選択できないという点では共通している。この両者は実は表裏一体的な側面ももち、たとえばある人が「Weの場」に参加したが溶け込めなかった場合、その人にとってその場は「Theyの場」へと一変するのである。

もう一つ、「Youの場」というのを考えたい。[8]これは全員が知り合いではないが、その中で状況に応じて関係を選択できる場である。そこは自分にとってアクセスしやすい場所であり、気さくな店の主人などアクセスしやすい人がいることもある。そうした人や環境が二人称的存在Youとしてかかわりながら、少しずつ新しい人や世界へとかかわりを広げていくことを支えてくれるものである。それは関係の完結したWeでもまったくばらばらのTheyでもない、自分の身近で親しみやすい場でありながらもTheyと間接的にかかわりつつ、そうしようと思えばTheyからYouへとその関係を広げていくことができる場なのだ。[9]「Youの場」は比較的誰でもが参加しやすい場であり、その場でのかかわりがさらに地域に広がっていき、「Youの場」自体が地域全体をTheyとしたときの媒介として人と地域とを緩くつなげていくような役割をもちうるのである。

表3-2 場の許容性

許容性(規定性)	時間	居方	参加者	参加形式	参加自体	社会的関係	アクセシビリティ(心理的閾)
大(弱)	気がむけば	状況的に選択	流動的・多様	その場で参加	自由に参加	You	高(低)
↕	いつものように	↕	↕	↕	↕	They	↕
	きまったときに						
小(強)	予定を決めて	一方的に規定	固定的・同質	事前の手続き	参加の強要	We	低(高)

地域の許容性

これらの「We・They・You の場」と前述の場所の許容性とは密接に絡み合った概念であり、この関係を表3-2のように示すことができる。これらを踏まえて、A団地・N地域における高齢者のコミュニケーションの行われる場所を、許容性という側面から比較してみよう。図3-3は、一人ひとりの利用者にとってのコミュニケーションの場所の許容性を判断し重ね合わせたものであるが、許容性の異なる場所が地域にどれだけ機会として存在しているかを示したものとしても読みとることができる。A団地では出現した場所の数が少ないだけではなく、それらの許容性が低いのに対し、N地域のほうが、数多くまた許容性の幅も広く場所が出現している。それはアクセスしやすく、しかもそこで多様なかかわりをもてる機会が豊富であることを意味する。つまり、地域における選択性・許容性ともにA団地にくらべN地域のほうが幅広く提供されており、その結果一人ひとりに適した場所が見出され、地域全体として多様なかかわり方が可能になっていると言えるだろう。

「まち」とのかかわり方

これまで、子どもと高齢者の「まち」とのかかわりを、既成市街地と大規模団地という2地域の比較という形でそれぞれ見てきた。そこには、子どもの場合と高齢者の場合とに共通な側面があるように思われる。一つは、子どもあるいは高齢者の「まち」とのかかわりから見た、既成市街地と大規模団地の「まち」としての環境の違いであり、もう一つは子どもや高齢者による「まち」環境とのかかわり方そのものの違いである。

「まち」環境の質の違い

大規模団地は計画されて作られた「まち」である。そこに住む人の生活に支障が出ないよう、あるいは生活がより便利になるよう、買い物行動や子どもの遊び行動を想定してさまざまな店や公園が配置されている。人はなるべく近くて便利なところを利用するだろうという行動の仮説がその背後にはある。これに対して既成市街地にはそのような計画性は希薄である。自然発生的に、あるいはそこに住む人たちやそこで生計をいとなむ人たちが長い時間をかけて少しずつ作り出してきた「まち」の姿である。私たちの日常生活の積み重ねが作り上げたと言ってもいいかもしれない。

この両者の「まち」では行動の機会として提供される環境の豊かさに大きな相違があるように思わ

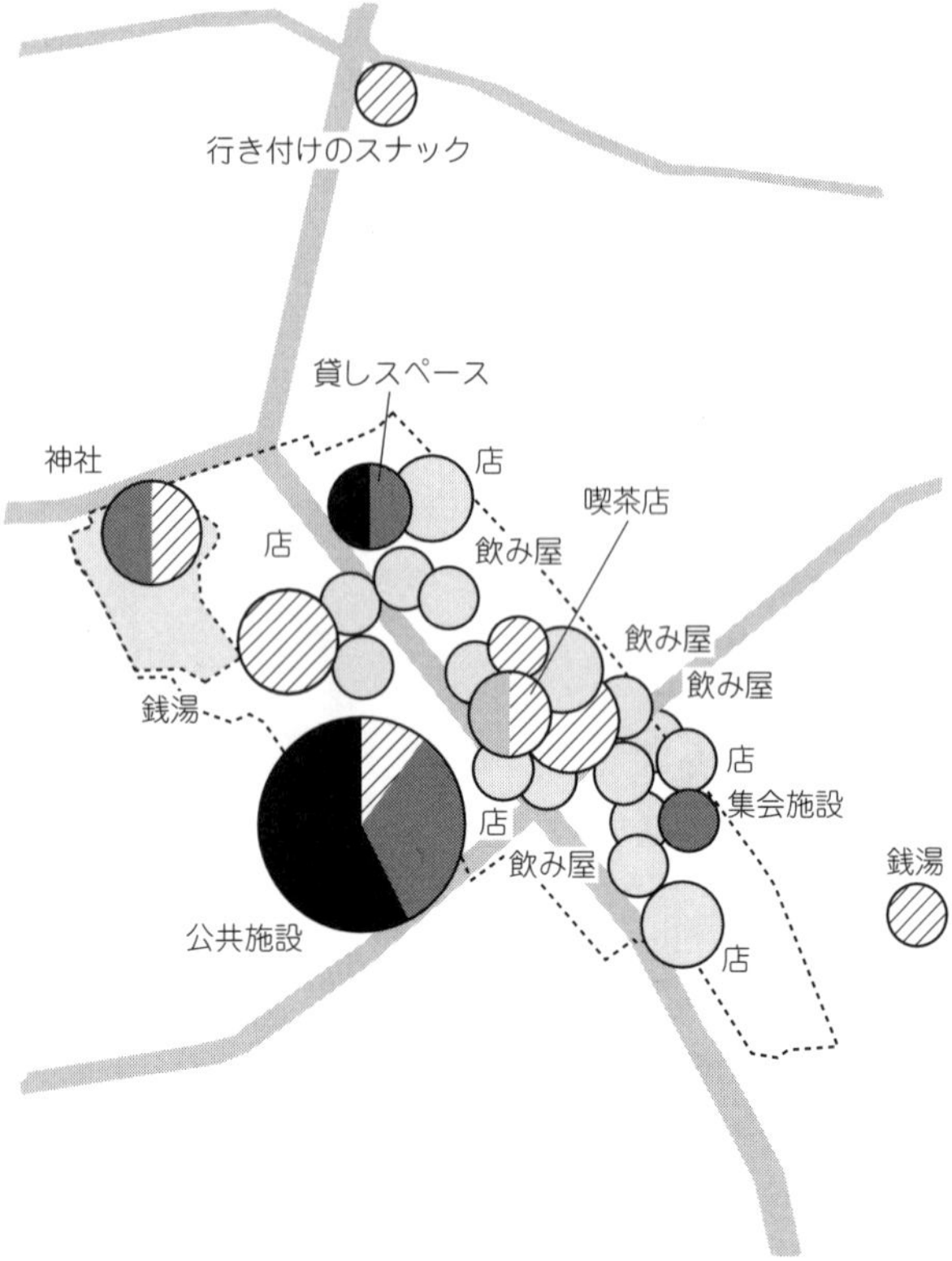

※凡例は表3-2参照。円の大きさは利用者の人数。

図3-3-1　N地域におけるコミュニケーションの場所

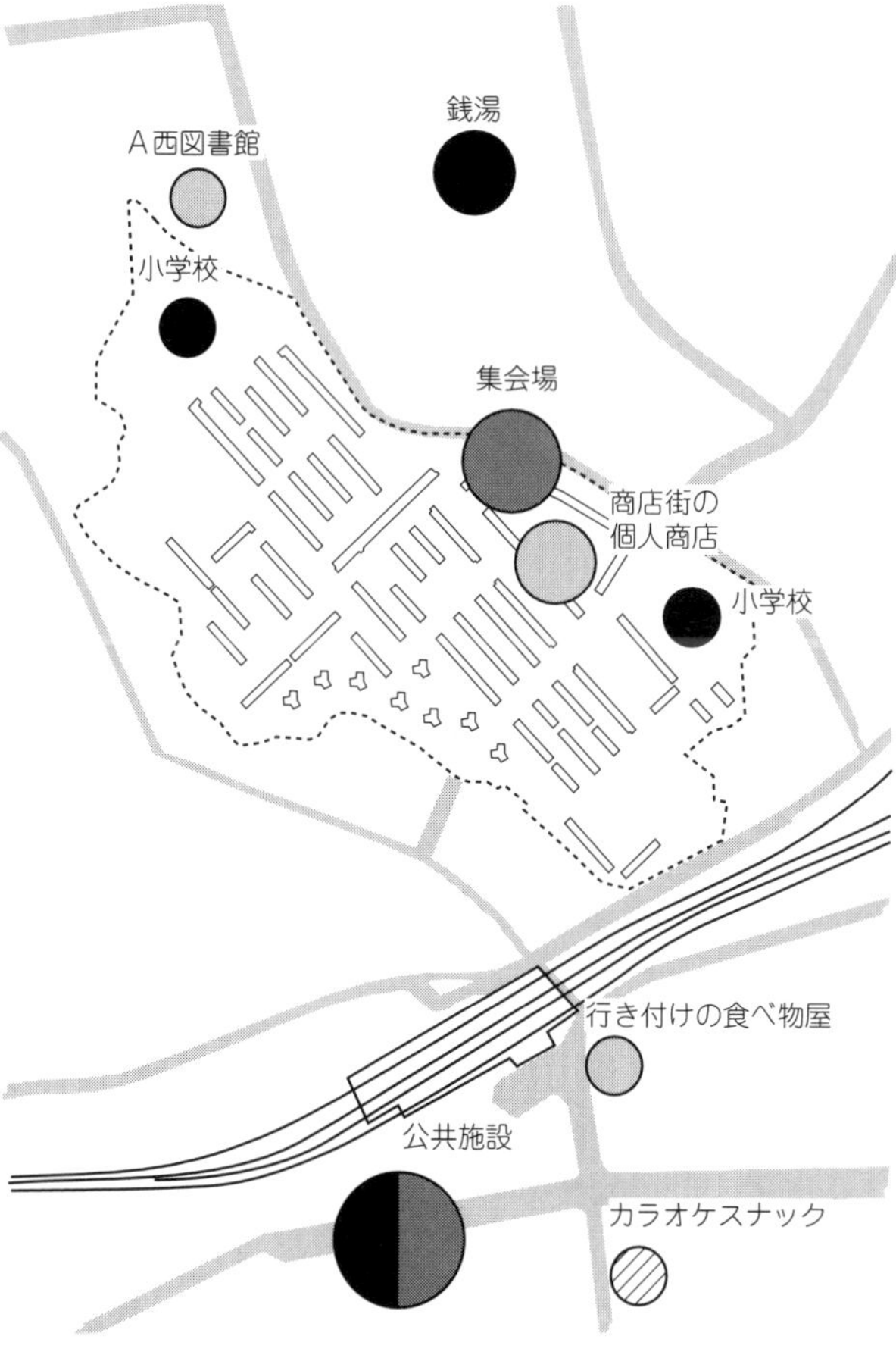

※凡例は表3-2参照。円の大きさは利用者の人数。

図3-3-2　A団地におけるコミュニケーションの場所

れる。計画された「まち」では、子どもは想定された公園で遊び、高齢者は想定された店で買い物をしており、結果として多くの人が似たような場所を利用することになる。計画して機能を提供した場所以外の場所が居住者によって見出されることは少なく、地域全体として見た場合に結果的に選択肢の限られた環境となっている。既成の「まち」は、これに比べ選択肢は豊富にみえる。一つひとつの場所は計画されてつくられたものほど便利・快適ではないかもしれないが、いろいろなレベルのコミュニケーションや、さまざまな振る舞い方を許容する多様な選択肢が、人々に見出されるべく「まち」の中に埋め込まれている。したがって、皆が同じような場所を利用するのではなく、それぞれの人が自分の状況や好みに合った場所を選択し、その結果多様な場所が多様に利用されているのである。

「まち」環境とのかかわり方のモデル

このように二つの「まち」の環境は、利用する側にとってずいぶん違ったものであり、それは人の「まち」とのかかわり方そのものを異なったものにしているようだ。たとえば、2地域の高齢者の「まち」とのかかわりの違いを、次のようなモデルで表してみた（表3-3）。

大規模団地（A団地）の高齢者の生活のモデルは「意図遂行型」とでも呼ぶべきものである。人は、ある明確な意図・目的をもって行動しており、ある目的を達成するための場所を選択し、そこに行って目的を果たして帰ってくる。選ばれた店は「購買」という目的のための場所であり、そこへいたる道はあくまでその店への通過路にすぎない。人は頭の中に事前に描いた「意図」を遂行するためにま

表 3-3 意図遂行型モデルと環境探索型モデル

	意図遂行型モデル	環境探索型モデル
モデル図	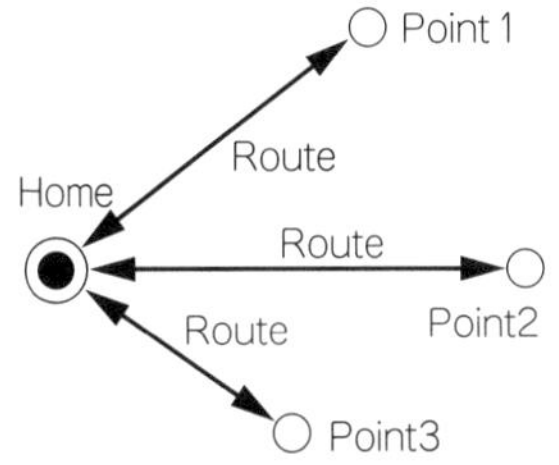	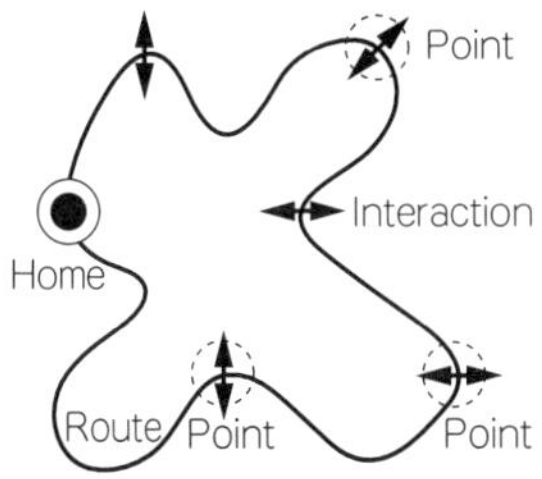
行動環境	人は意図にしたがって場所を選択しそれぞれの場所で目的を達成する。	まずは人の活動＝生活があり、その動きの中で場所や道が意味づけられていく。
場所の意味	特定の目的を満たすための場。目的以外の行為や社会的関係は発生しにくい。	その場の状況に応じて多様な関係をとりうる場。本来の目的以外の行為や社会的関係も発生する。
道の意味	自宅と場所、あるいは場所同士を結びつける通過路。 地域との相互作用は発生しにくい。	単なる通過路ではなく、地域との相互作用によってさまざまな意味付けや関わりをもつ。

※モデル図において、Home は自宅、Point は利用する場所、Route は利用する道を示している。

ち環境を利用するのだ。

これに対して既成市街地（N地域）では、高齢者はある意味もう少しいい加減に「まち」を利用している。目的・意図がないわけではないがそれほど明確でないままに、その日の状況や気分によってさまざまな行動・生活が行われ、それぞれの場所であるいはそこへいたる道も含めて、必ずしも意図通りでないさまざまなコミュニケーションや相互作用がある。「意図」以前に「行動」もしくは「探索」があり、まずは人が動いていく中で人と環境との関係がつくられていくという意味で「環境探索型」と名づけた[10]。

これは、高齢者の生活から導き出したものだが、子どもの遊びを通したまちとのかかわりにも、似たような違いは見出せるだろう。計画的なH団地ではあらかじめ何種類かの公園が提供されており、その中から子どもは目的に応じて選択し利用している。H団地の子どもたちの遊び場とは、遊びという明確な「意図」を遂行するための場所なのである。N地域では必ずしも豊かに公園等が提供されているわけではない。しかし子どもたちは成長するに従い、自分たちで遊び場を探索し見つけ出している。はじめは遊ぶという目的のために提供された場所が選ばれていたが、次第に遊び行動はさまざまな社会的なかかわりや相互作用を帯びたものとなっていき、いわば遊びという形でまちを探索しながら、そのようなかかわりを獲得しうる機会として自ら場所を発見しているのである。

環境のとらえ方

この2種類のモデルは、2種類の地域での人の生活行動の違い、まちとのかかわり方の違いを表現しようとしたものであるが、私たちの環境のとらえ方のモデルとしても適用できるかもしれない。

前者の「意図遂行型」モデルでは、環境の意味は事前に環境側から与えられており、人はそれを頭の中で評価し行動のプランを作り上げたうえで、それに従って行動する。環境は何か目的を満たす「機能」としてとらえられ、評価され利用される対象となる。これは、そんなに特殊なとらえ方ではないだろう。私たちは実際にそのように事前に判断して行動していると思っているし、特に何か道具を作ろうとか環境を整えようと思えば、このプロセスを逆に辿って私たちに望ましい行動や意識をもたらす環境のあり方を考えようとするだろう。

しかし私たちは常にプランを組み立ててから行動するわけではない。周りの環境のことを熟知しているとは限らないし、特に新しい環境の中ではそうであろう。後者の「環境探索型」モデルは、環境と常に出会い、そのつど環境に意味を見出していくモデルである。確固とした意図に従うのではなく、とにかく環境の中に身体的にかかわっていきながら、環境との間に固有の関係を作り出していく、そのプロセスを通して自分にとって意味あるものとして立ち現れてくるものが環境なのである。私たちの行動をうながすのは、環境の固定した「機能」というよりも、一人ひとりが見出した環境に対する（こんなことが起こりそうだな、こんなふうに過ごせそうだな、という）「期待」であり、それは自らの行動によって常に書き換えられている。

発達をうながす「まち」の環境

身体と場所の公共性

最後に身体の役割・意味についても考えてみよう。子どもが公園で遊んだり、高齢者がまちに買い物に行くことは、きわめて身体的な行為であり、どちらの環境においても行為そのものには大差はないかもしれない。しかし身体による行為を通した環境との出会いという視点から見ると、そこには大きな違いを見出すことができる。

「意図遂行型」による身体は、頭で考えたプランを遂行するための道具となる。与えられた環境の中でプラン通りに適切に振る舞うことが身体の役割であって、その意味で身体も環境との固定化された関係の中に閉じこめられてしまっている。身体は一人ひとりの意図の支配下にあり、他者や社会に対して開かれていない。

一方「環境探索型」では意図はそれほど重要ではなく、まずは身体による行動のほうが先行する。環境をとにかく探索し、環境と出会い、環境とのかかわりを作り出していくうえで、身体はむしろ主役と言ってもいい。そして身体はまさにその場に存在し、他者に常に認知され、他者の存在から影響を受けるとともに他者の行動に影響を与えている。その意味で身体は他者に開かれた存在であり、それ自身が社会性あるいは公共性を帯びたものとなる。私たちはそのように身体を通して他者と、社会と、環境と出会っている。

私たちはまちの中を歩き回り探索し、新たな場所を発見しそこで新たなものと出会う。それぞれの場所には他者の存在があり、他者によって作り上げられているその場所固有の質がある。その質こそが私たちのさまざまな行為を誘発したりサポートしたりするのだが、しかしそれは固定された不変のものではない。その場所の質は、私たち自身がかかわることによって強化されたり変質したりしながら常に作りかえられているものであり、それはその場所における他者の振る舞いに再び影響を与えている。

このような一つひとつの場所は、単に機能を満たす場ではなく、（必ずしも既知ではない）身体同士が出会いかかわりを広げていく場なのである。場所の質は、一人ひとりの主体的な行動（それは事前に意図されたものである必要はない）が許容されることによって作り出され、同時に一人ひとりはそこで固有のかかわりを紡ぎ出しかかわりを広げていく。このような自律性と開放性とを併せ持った質を場所の公共性[11]と呼んでよいのではないだろうか。場所の公共性は私たちの身体性のもつ公共性によって支えられているのであり、またこのような公共的な場所に私たちが足を踏み入れるとき、私たち自身の身体も公共的な存在として再構築されるのである。

出会いと発達

そしてこのような場所とのかかわりは、ある意味で私たちに発達の契機をもたらしているようだ。

私たちは身体的に成長することによって自動的に社会性を獲得するわけではない。身体的な成長そのものでなく、むしろそれによる生活範囲の広がりとそれに伴う新しい環境・新しい人との出会いが自我の発達のきっかけとなる。私たちは自分の完全に予期しきれない未知なるものと出会うと、そこで思わぬやりとりが発生したり、時にはそれまでの自分の価値観と対立し個人の中に葛藤をもたらすこともあるだろう。そこに折り合いをつけ新たな自分の価値観として統合することで、私たち自身も少しずつ新しい環境の一員として変容していくのである[12]。

これは、子どもがだんだん発達して大人になるプロセスであるばかりではなく、高齢者であっても常に新しい出会いによって発達し続けることを理論づけている[13]。発達とは必ずしも階段を上っていくように一方向への運動を意味するのではない。身体能力が低下したり行動範囲が縮小したりしながらも、常に自分と環境との関係を再構築し続けること、自分がその環境の中に活き活きと位置づくことによって、自らのアイデンティティを常に更新し続けることに発達の本質がある[14]。

身体を持った私たちは、実際の一つの場所において、他者とともに身をおくことで他者と出会う。さまざまな場所をもった「まち」には、さまざまな他者との出会いの機会が豊富に提供されている。子どもたちは「まち」を自ら探索し場所を見出していくことによって、家や学校といった与えられた環境以外でさまざまな他者と出会いながら、「まち」の環境の中に自分を位置づけていく。子どもたちは「まち」の中で自分の存在を開き、環境を探索することを学んでいくことによって、さらに外に広がる世界へ旅立っていく。高齢者の場合には、自分の身近な環境として再び「まち」と出会っていくプロセスかもしれない。高齢者の一見変化のないように見える日常生活の中でも、「気が向いたら」「その日によって」小さな探索と発見は行われている。一人ひとりの高齢者は「まち」の中で固有の関係を作り出し、それは常に少しずつ更新されている。[15]

私たちの周りで「まち」は次々と整備されていき、人々が安全に・便利に・快適に利用できるような環境が目指されている。しかし「まち」とは本来、そこに住む人、そこを利用する人が身体的にかかわる場所であり、同時にその人たちによって作られている（日々作り出され続けている）ものであり、そのような「まち」こそが自律性と開放性を併せ持った公共的な世界として息づいている。私たちは「まち」と活き活きとかかわりながら「まち」の一員として住まうことを学ぶ、すなわち公共的な存在としての自分自身を見出してゆく。そこに私たちは「まち」に生活することの意味を改めて見直すべきだろう。ルイス・カーンの次のことばは、「まち」（ここでは「都市」と述べているが）の意味と価値をきわめて的確に語っているように思われる。

「都市とは、少年がそこを通って歩くと、自分がこれからの全人生をどのように生きたいと思っているのか悟らせるような何か、をみることができる場所なのである。[16]」

註

［1］ 市岡・高橋（1993）。N地域・H団地それぞれ1校の小学校を訪れ、低・中・高学年各2クラスずつのアンケートを行うとともに各学年10人ずつのヒアリングを行っている。

［2］ N地域は江戸時代から発展した地域で、震災・戦災の被害も比較的軽微にとどまっており、かつて

の生活環境をいまだに色濃く残している地域である。１・2階建ての低層の木造建物が密集しており、災害に対する危険度が高いとされている。地域内には商店街を内包し、また小さな工場なども点在しており、住・商・工の適度に混在したまちとなっている。

[3] H団地は面積１８６ha、人口約4万人の都区内最大級の団地地域。中高層の集合住宅が林立し、地域内には大規模商業施設、公共施設、図書館、体育館に加え、大小さまざまな公園が整備されている。安全性・利便性・快適性を追求して計画・建設された一つのまちの形を示している。

[4] 橘他（1996, 1997）。調査は東京大学高橋研究室の環境行動研究の一環として１９９２年に行ったもので、N地域の高齢者26人、A団地の高齢者23人に対して、直接訪問・面接してヒアリングを行った。

[5] A団地は１９６０年代に開発された大規模な公団住宅団地である。オープンスペースを適度にとりながら中層住宅が盤状に規則的に配置され、地域の中央部には生活利便施設として商店街や集会室、診療所などが計画的に設けられている。駅から至近距離であるが、台地上にある団地のため、急な坂道を通過する必要がある。

[6] まず各個人が利用する店同士を線分で結び合わせ（ある人の利用する店が3軒であれば3本、4軒であれば6本の線で結ばれる）、それを人数分重ね合わせたものである。線分の両端の店を利用する人が多くなるほど、線分は太くなる。また、一人の使う店が多いほど、あるいはそれぞれの人の使う店が多様であるほど、全体の線分の数は多くなる。

[7] 自治体が独自に展開している高齢者向けの公共施設で、集会室や談話室、娯楽室、浴室などを備え、65歳以上の高齢者であれば誰でも自由に利用することができる。N地域で26人の高齢者にヒアリングを行った結果、集会室としては会合等で利用されているが、入浴のため頻繁に利用しているのは1名のみで他はほとんど利用していない。一方銭湯を定常的に利用しているのは14名にのぼる。

［8］ これらの We・They・You の概念は、佐伯（1995）による「学びのドーナツ論」に影響を受けたものである。これは、「学び手（I）が外界（They 世界）の認識を広げ、深めていくときに、必然的に二人称的世界（You 世界）とのかかわりを経由するとしたもの」である。つまり、I が You を媒介としながら外界 They と出会っていくことによって自分の世界を拡張していくことが、学ぶということに他ならない。このとき You は二つの接面をもっていることに注意しよう。You は私（I）にとって開かれており親密な関係にあるが、同時に常に They に対しても開かれており、私の見知らぬ世界である They を垣間見せ、私と They 世界との出会いを媒介するのである。

［9］ たとえば Jacobs（1961）による次のような近所の個人商店の記述は、You の場のあり方をよく表している。「バーニーの店のような所では、人は自分勝手に店内でぶらぶら暇をつぶしてもいいし、慌てて店に飛び込んできて、また慌てて飛び出していってもいい。何のひも付きの条件も要求されない。人と人の間の気まずさ、退屈さ、遠慮、弁解、人の気を悪くさせるのではないかという恐れ、頼んだり頼まれたりすることを重大に考えるあまりのとまどいなどといった、交際範囲がやや広くなったために起こってくる義務に関する諸々の条件には全然わずらわされないで、街路の周りの近隣住区にすむあらゆる種類の人たちと知り合いになることは可能である」。

［10］ これらの「まち」とのかかわり方の地域による違いは、行為として見ると、Reed（1996）が、探索的（exploratory）と遂行的（performatory）という二種類の行為を区別すべきであると述べていることにも近い。遂行的行為が具体的な目的遂行のための行為であるのに対し、探索的行為とは、環境の変化などに対してみずからの活動パターンを調整する際に役立つ環境の情報を獲得する行為である。

［11］ 公共性ということばのもつ意味は広い。齋藤（2000）は一般的に用いられる公共性の概念を、国家的・管理性（official）、共通性・共同性（common）、開放性・公開性（open）に大別しながら、次のよう

に公共性をとらえ直している。公共性は「オープンであること、閉域をもたないこと」「人々の抱く価値が互いに異質なものであるということ」を条件とし、「公共性は、何らかのアイデンティティ（同一性）が制覇する空間ではなく、差違を条件とする言説の空間である」。また、個人の関与を前提として成り立つ公共性として、今田（2001）は実践的公共性の概念を提起している。これは管理ではなく（相互の）支援によって成り立つもので、（個人的差違を前提とした）多様な人々のかかわり合う日常行為の実践の中に見出される。本稿では、その場所が一人ひとりに対してオープンであるという開放性と、一人ひとりのその場所に対する関与によって成り立つという自律性を、公共性の概念と考えている。

[12] エリクソン（1982, 1986）は、人生を8段階に分け、それぞれ前の段階を含み込みながら発達する漸成論を唱えている。各人生段階では自分の中に価値観の対立があり、それをどちらかを捨ててどちらかを選択するという解決ではなく、両者を弁証法的に統合することがそれぞれの段階におけるテーマとなり、次の段階へのステップとなる。人の発達とは、過去を切り捨てながら一方的に上昇するように未来に進んでいくのではなく、過去を含み込みながら現実の問題に折り合いをつけていくことで、一貫した自分を保ちながらも未来に向かって変化していくことと捉えられる。

[13] 南（1995）は、環境の大きな変化に対して個人が示すさまざまな反応の様式や状況の再編成の過程に発達の鍵があるとして、「発達を機能の向上としてではなく、安定した構造の「破れ」から一時的な混乱を経て再び新しい構造ができていく、構造の更新（renewal）のプロセスを記述する概念としてとらえ直すこと」を提唱している。

[14] 西平（1993）はエリクソンの発達論・アイデンティティ論にふれながら、アイデンティティとは「〈統合した状態〉としてではなく〈統合を目指した絶えざる動き〉として、名詞としてではなく動詞として、統合された〈もの〉ではなく統合してゆく〈こと〉として」読み替えられるべきであり、それは

「〈固く・閉じた・完結した〉というよりは〈柔軟で・開いた・未完であり続ける〉というイメージにおいて理解される」としている。

[15] さまざまな場所へ参加することを通して「まち」とかかわることが学習・発達をもたらすというのは、Lave & Wenger（1991）の正統的周辺参加の考え方とも通じるものである。「周辺性が示唆するのは、共同体によって限定された参加の場における存在には複数の、多様な、多くあるいは少なくかかわったり包み込んだりするしかたがあるということである。周辺的参加というのは社会的世界に位置づけられていることを示すことばであり、変わり続ける参加の位置と見方こそが、行為者の学習の軌道であり、発達するアイデンティティであり、また、成因性の形態でもある。」この見方は、「まち」を単なる利用の対象としてではなくかかわるべき実践共同体とみなし、そこに私たちが何らかの形で働きかけること、参加すること、そしてそこに活き活きと位置づくことこそが学習であり発達であることを示唆している。

[16] シュルツ（1971, p.218）より引用。

コラム1

事故と身体の発達

救急医療の現場では多彩な事故に遭遇するが、小児の事故ほど予防の重要性を感ずるものはない。小児の死因統計を見ると1～14歳で不慮の事故が死因の第1位を占めている。この状況の改善には小児の事故発生の実態を把握し、予防につなげることが必要である。

事故により医療機関を受診した小児症例の統計から死亡1名に対する入院患者数、外来受診者数の比率を年齢階級別に見ると表1のとおりである。

年齢が低いほど医療機関受診者の中の死亡率が高くなる。すなわち、乳幼児ほど一度事故に遭遇すると死亡のリスクが高いと言える。

年間の人口10万人あたりの事故による受診は0歳では27,700件で、およそ4人に1人が年に1回は受診を必要とする事故に遭遇していることになる。1～4歳では47,300件となり、2人に1人が受診している。医療機関の受診を必要とする事故の発生は稀なものではなく、乳幼児の生活空間は事故準備状態と言える。

表1　死亡1名に対する入院患者数、外来受診者数の比率（田中他 1995）

	死亡	入院	外来
0歳	1	20	900
1～4歳	1	40	3600
5～9歳	1	90	4700
10～14歳	1	130	8300

（平成5年）

「予防に勝る治療はない」とは言い古された表現ではあるが、小児の事故においては特に重要な意味をもつ。事故の予防を考えるうえでは、小児の行動は年齢とともに変化するという点に注目せねばならない。

年齢との関係が最も深い事故の一つは誤飲である。0歳ではタバコの誤飲が多い。この時期手にした物は何でも口に持ってゆく。1歳以上になると硬貨、ボタン電池、玩具など興味をひくものの誤飲が主となる。6歳以上では誤飲は稀となり、思春期以降は中毒が誤飲にとって替わる。高齢者になると中毒とともに再度、誤飲が多発するようになる。食物による窒息や薬剤包装（ＰＴＰ）の誤飲事故である。

予防対策がとられると事故の予後が改善されるのも事実である。小児の熱傷でかつて最も多かったのは風呂での事故である。沸かしすぎた風呂のふたに乗って浴槽に転落したり、レバーを操作して火を止めようとして誤って転落するなどの事故であった。このようにして受傷した症例では熱傷が上半身あるいは下半身の50％を越えることも稀ではない。これは浴槽蓋の強化、レバー位置の変更、給湯式への変更などにより発生例が著しく減少した。行動パターンから予防策を講じれば事故を予防できるという典型的なものである。

風呂の事故は減少したが、最近増加しているのが卓上湯沸かし器やカップ麺の熱湯による事故である。熱傷面積は狭いが事故の年齢が低年齢化の傾向にある。

状況の変化を把握し、的確な予防策を講じるには医療現場から事故の情報が社会へフィードバックされる必要があるが、このシステムは未整備である。事故症例の治療を担当し事故発生の状況をよく知っているのは救急医である。一方、事故の予防、啓蒙に最も深く関与するのは小児科医であるが、この二者の間に十分な連携があるとは言えない。近年、小児救急医療が注目されており、この二者の連携がはかられ始めているが、まだ一部の動きにすぎない。近年増加が指摘されている虐待は状況をさらに複雑にしている。事故の背景を的確にとらえて情報を社会に迅速にフィードバックするためには、救急の現場を定点とした継続的、総合的なサーベイランスが必要と考えられる。

4章 物を与える・奪う——物と身体を媒介する相互交渉と意識の貸与

はじめに

子どもはある特定の環境の中で成長する。〈環境〉には〈人〉と〈さまざまな物や道具〉がある。環境の重要な一部である大人は、子どもの発達のために、常に特定の物や道具を使って子育てをする。言い換えれば、大人が常にさまざまな物や道具の存在する環境の設定をしたり環境のあり方を工夫する。子どもの視点から見れば、養育者の物の提供や環境の設定は、発達に必要な条件であり文化の学習の過程でもある。大人の視点から見れば、子どもに物を与え、環境を設定するのは、社会に求められる養育者の責任であり人生である。本章ではこの視点から、（1）発達の初期において養育者が如何に物を与える（時には奪う）かを論ずる。（2）急速に変化する物質的資源の世界において、身体や物を媒介する相互交渉の変貌を概観する。さらに（3）乳児初期の共同注視の発達過程における養育者の役割を考察し、身体と物を媒介する意識の貸与について述べる。

構造化された環境

妊婦の身体は胎児の環境である。養育者は子どもを産む前から子どもの生きる環境をなしている。胎児の環境は妊婦の子宮だけではない。妊婦の行動と彼女が作った人間関係も胎児の環境の一部になる。妊娠後期、胎児の身体と諸機能の発達はほぼ新生児に近づき、母体外部の物理的および社会的環境の特徴は一層胎児に影響を与える（三木 1983）。東洋の胎教あるいは西洋の母胎感応（maternal impression）の考え方に前近代的な要素はあるが、妊婦の精神衛生は胎児にとって重要であるというその主旨は今日の知見に照らしても間違いではない。

子どもは養育者を通して成長し発達する。この一見平凡な言い方には人間発達の重要な「原理」が隠されている。というのは、「親（大人）を通して発達する」ということの最も重要な点は、大人は子どもを発達させるための衣食住などの物質的資源の供給者であるという事実だけではなく、どのような物が何時、如何なる形や仕方で与えられるかを決めるのも大人であるということ。言い換えれば、子どもと環境の関係は抽象的な関係ではなく、大人によって非常に具体的で特定に構造化されている。

養育者としての大人はある特定な環境（地域、住居およびその中の家具や生活設備などの具体的な設定）に生活し子育てをする。子育ての環境として、あるいは少なくとも子どもがいる場所として、この特定な環境の設定は、養育者の子ども観、子育ての目的などの事柄と密接に関連する。さらに、この環境における子どもの行動範囲、行動の種類、養育者との相互交渉行動の性質などをもモニタリングをし「管理」する。言い換えれば、養育者は、子どもの環境のあり方、環境との関係の構造化を意識的に、無意識的に常に行っている。

このような環境を構造化する行動は、その場その時の個人の決定や判断による以外に、私たちが特定社会の一員として「当然至極」と思わせる自分の社会・文化の大前提によるものもある。言い換えれば、子育てを含む生活の中で、私たちはほとんど常に「普通のように、当たり前のこととして」環境における諸々の物や道具の種類や使い方について、取捨選択をし、物のある環境のあり方に気を配っている。私たちはこれらの取捨選択についていわば無意識で行っていることが多い。

周産期の習慣と育児の道具

禁　忌

分娩という「生物学的」もしくは「生理学的」現象を例として取り上げる。妊娠・出産に関連する禁忌は人類社会に広く見られる。今日の日本ではほとんど見られなくなっているが、１９６０年代までは妊婦の行動や食べ物に関する禁忌の習慣が地方や郡部に残されていた（鎌田・他 1990／岩田・石塚・森谷 1997)。これらの習慣や禁忌のほとんどは起源のはっきりしない「先祖伝来」のものであるが、戦後まで庶民の間では「迷信」と言われながらも、人の行動を規定し、妊婦をはじめ胎児に影響を与えてきた。この場合社会の風習により人生の特定な時期に環境の構造化が見られる。

産着

新生児の「産着《うぶぎ》」に関しても同じことが言える。日本では、生まれてきた赤ん坊が養育者やその周りの大人と同じような着物を着るようになるまで、何か新生児のためのものを着せなければと思うのは普通である。赤ん坊の生まれた地域や季節にもよるが、何らかの「産着」を着せる。「産着」の用意も、普通の産婦にとって、「産着とは何か」という疑問さえ起きないくらい、「普通のように、当たり前」のこととして、年配の家族や産婆が「知っている」のである。つまり、産着を赤ん坊に着せること、産着の様式などは習慣・文化の存在様式である。日本の多くの地方では、伝統的には生後三日目の「湯初め」の後に初めて産着を着せる「産着の祝い」という儀式があった。現代でもそうであるが、産着は妊娠中から出産のために妊婦と周りの人(家族や保健婦、助産婦)が準備する。今日では産着とは自作するか購入するかのオプションはあるが、「無地の木綿製の肌触りの柔らかい浴衣のような着物」であると理解される。ほとんどのお産は病院で行われる今日、新生児は産科病院の産着を着せられ、退院のときに持参のものに着替えさせ、その上に一種の「余所行き」のベビー服を着せて帰宅するのが普通である。

おむつ

産着の下に赤ん坊の排泄物が外部に漏れないようにおむつを尻にあてる。これも養育者にとって「普通のように、当たり前」のことであるが、今日知られているおむつ（さらに近年の紙おむつや貸しおむつ）になるまでにはさまざまな変遷があった。

大正や昭和の初頭に子育てをした人の経験談によれば、かつておむつは古着を利用して作るのが普通であった。一人の赤ん坊に十から二十組のおむつが必要であるため、親戚や近所の人の古い浴衣をもらって作ることも珍しくなかった（横山 1986）。子どもが大きくなって、どこそこの誰かから古着をもらっておしめを作ったという語りも存在したであろう。たかがおむつのことであるが、そのための古着の授受に人間関係が存在したのであった。赤ん坊にとって特に意味はないかも知れないが、晒しでおむつを作った場合、往々にして親達が子どもを「麻のように強くなってほしい」という願いをこめて、麻の模様をプリントしたものであった（須藤 1988）。

スワッドリング

時代と場所を異にしたら、当たり前と思われた「産着」も必ずしも同じではない。16世紀に日本を訪れた宣教師フロイスによれば、日本人の赤ん坊の着物は西洋に比べて束縛がなく自然である（松田・ヨリッセン 1983）。17世紀のオランダの画家ヤン・ステーンが描いた庶民の家庭生活の絵には「蝋燭包み」と言われるスワッドリングされた赤ん坊の姿があった（Kloek 1998）。また、内モンゴルの遊牧民の子育てについての観察では、私たちが知っている日本の赤ん坊の扱い方と随分違う。例えば、布製や紙製のおむつは使わず、赤ん坊は股に穴の開いたズボンを着せられている。寝るときのみ、下半身は風呂敷のような布で両足の外側から包まれ、外は「ブス」と呼ばれる毛布でくるまれ、紐で縛られるのである。

これらは養育者である大人が子どもの環境、特にその環境の中にあるものやそのあり方を構造化した結果であり、広い意味でこれらの構造化の背後にあるその考え方やその結果としての産物も文化である。大人が子どもの環境を構造化することは養育者として親としての役目を果たすという人生の意味がある。また、子どもは親や他の大人から、生活に必要なものをもらい、物にまつわる世話や指示を受けて暮らしている中で、自分の文化を身につけて社会の一員となるのである。生活の中の多くのものやそれに関連する態度、作法と感情はこのような過程を通して獲得されて疑われないものとなる。

授乳と母子関係

母親の身体が乳汁を分泌し、子どもが成長する滋養としてそれを摂取するということは分娩や排泄と同様に、非常に身体的、生物学的行動である。授乳もまたさまざまの文化の規定を受ける。授乳は一方は母子の身体にとって重要な物質の授受であると同時に互いの短期、長期の感情的絆を結ぶ契機となる。乳汁の分泌によって母体に特定の物質が消耗し不足になりがちということは知られている。そのため、哺乳育児する母親に母乳の分泌を促進する食事や療法が考案されてきた。どうしても母乳の分泌が十分でない場合には、乳母やもらい乳の習慣が生まれた。

人によって大きな違いが見られるが、一人の母親の一定時間内の乳汁の分泌量は限られ、子どもの一定時間における乳汁の需要も一定である。しかし、一組の母子の乳汁の供給と需要の関係は必ずしもバランスが取れるとは限らない。むしろ往々にしてそこに問題が生じて人が悩まされるのである。特に乳汁の分泌が少なく循環のリズムが狂う場合、萎んだ乳房にくいつき激しく泣きわめく乳児が「母親とは独立した強固な存在としての相貌を明らかにしてくる。絶対的弱者であった子どもが絶対的強者に転ずる」と母親は感じるようである（須藤 1998）。

乳汁の授受という本来は母子の間のさまざまな条件（母親の体調、乳首の形、乳腺の状態、乳児の舌の使い方、吸啜力、睡眠のリズム、飲み方、飲む量など）によって調整された一種の自然な相互依存関係は、子どもの個性の出現や母親の子どもに対する知覚などの変化につれて変貌していく。最初は母子それぞれの生理学的要因によって自律的均衡が維持されるが、発達につれて子どもの要求の仕方や母親の飲ませ方に互いの個性が出現し知覚され、授乳は母子間の駆け引きとなる。

授乳にまつわる母子の間の緊張関係が女性の社会的自立意識の台頭につれて強くなる。ハイカラの女性から、母乳育児は女性の開花の時期と機会を奪うものとして認識されるようになる。そこでこの新しい社会的要求にこたえようとしたのは人工乳であった。20世紀の初頭に始まった人工乳の製造は約一世紀の間に飛躍的に進歩した。人工乳の採用によって、分泌不足の悩みは緩和される。一方、人工乳の進歩は同時に一部の母親に母乳育児を放棄し人工乳に頼る傾向を生みだした（須藤 1998）。

人工乳やそれに伴った哺乳瓶、人工乳首の改良といった物の出現によって、授乳という母子の身体・精神的関係は大きく変わったと言えよう。上にも触れたが、本来は母子それぞれのさまざまな条件の元で行われる母子二人の身体と精神的関係は、人工乳による哺乳によって母親でなくても可能になり、互いの身体の接触も排除可能になる。さらに、人工乳による哺乳によって、授乳時間間隔や与える量の決定は母乳育児のときの個別性、「勘」や「曖昧さ」によるものと違って、4、5時間という標準間隔、哺乳瓶の目盛りや子どもの体重などの基準化が支配する。

このような人工乳による哺乳育児の特徴をある女性の研究者が「身体性の捨象」、「もの化」と呼び、「出産という身体を分け合う体験を出発点にしている以上、母子の関係を完全に断ち切ることはできない」と指摘し、「切っても切れないという関係のあり方がむき出しにされた今、母親は子どもに『拘束』されているという実感はますます強まっている」と警告を発している（須藤 1998）。

商品化された玩具と育児行動

現代日本の子どもはほとんど人工的環境の中に育てられている。多くの大人は、おもちゃとは生産された商品であり遊びとは管理された環境で行うものと捉える。上にも触れたが、子どもとの暮らしにおいて、大人は意識的、無意識的に子どもの環境やその中のものを規定する傾向がある。また、現代社会の特徴の一つである企業化経済は当然おもちゃの分野を見逃すことなく、おもちゃは最先端の技術を取り入れて、ますます「高級化」している。その結果、おもちゃと遊びの質が変化してきた。近年、製造業の世界的再編や部品のＩＣ化などで、おもちゃ産業にもそれらのことが反映されている。近年の遊びやおもちゃの世界を考えると次のようないくつかの特徴が見られる。

（1）おもちゃはますます商品化される――幼児や学童以上は言うまでもなく、乳幼児のおもちゃまでほとんどが商品である傾向は、先進国の社会のみならず、途上国にも見られる。前者において、子どもの発達についての研究が進んだ結果として、子どもの健康や教育に関する製品とノウハウが大きな経済的利益をもたらす。これらの製品やその模造品が途上国で同様な人気を博している。親や養育者にとって、時間と技術のことを考えれば、おもちゃを作って与えるより、買って与えた方が容易であるからだ。

（2）おもちゃがメカニックになった――幼児やそれ以上の年齢の子どもに与えるおもちゃだけではなく、乳児のおもちゃの中にもメカニックなものが多くなっている。これはおもちゃに動的性格を与えるための結果と思われる。多くの場合、簡単なボタン押しやスイッチ切りで動き出すように作られている。このようなおもちゃを子どもに与えるのは、機械的動きが子どもの注意を引き、ぐずりや泣きがしばらく止むということに着目した大人の考えが伺える。さらに、このようなおもちゃは、子どもと時間を過ごさなければならない大人が、子どもに常に一種のサービスを提供する義務感に掻き立てられて、ボタンやスイッチを押して子どもを「もてなす」姿を想起させる。

（3）繰り返しの動きやメロディーの再生――生産コストを抑えるため、メロディーや動きは1、2種類に限定される。そのため、遊び方も単調になりがちで、子どもはすぐ飽きてしまう。また、小さな子どもにとって、スイッチを入れることやボタンを押すのが困難な場合、大人はもっぱらこれらの動作をする役となる。このようなおもちゃを与えながら子どもとの相互交渉を発展させるのは容易ではない。

（4）文化的特色の喪失――市場経済のグローバライゼーションの中で、伝統的おもちゃは素材的にも現代的工場で扱いにくいし、製品は世界市場に乗せにくい。その上に、現代的おもちゃと比べて、伝統的おもちゃの価値が低く見られる風潮の中で、子どもに与える伝統的おもちゃが大幅に減少する。特に国境を越えたルートによって流通するため、使用目的や適応年齢が相応しくない場合がよくある。例えば、内モンゴルのモンゴル族の子育ての観察で見られたのは、乳児用の歩行器に付けてあるスイッチを入れれば、台湾の流行歌が流れるという奇妙な現象が生じた。

観察対象の別のモンゴル族の幼児たちも、日本の幼児と同様に、キャラクター商品、ぬいぐるみやIC入りのプラスチックおもちゃに囲まれていた。このような現象は世界の各地で広く観察されている。

このような状況の中で、子どもはおもちゃの繰り返し動作を眺めている。大人の役割はおもちゃを次から次へ子どもに提示したり、おもちゃのスイッチを入れたり、ぜんまいを巻いたりするのみに限定される。現代的おもちゃをめぐって、子どもと養育者の間に共有する経験や記憶は少ないため、より豊かな関係の形成の媒介になりにくい。育児の環境にますます増えていくおもちゃや物の背景に大人と子どもの関係の希薄化があるように思う。仕事にかまけて相手をしてあげられない親が子どもにおもちゃを与えて養育者としての罪責感を紛らわす。この状況の中で、ピアジェが描いた子どものように、子どもたちは自力で物や環境を探索しそれらの性質を認識する。むろん、それでも子どもは発達する。

しかし、本文後半でも述べるように、子どもの暮らしの中で、大人との相互交渉を通して、物やその文化的扱い方を学習し認識するのである。大人は子どもとの相互交渉の中で、たとえ言葉がまだできない新生児・乳児に対しても、言葉で期待・提案したり、激励、賞賛したり、自他の行動や情動の表出を物語風に展開するのである。言い換えれば、身体と物を媒介する相互交渉において、これらの言語表現や言葉の扱い方および感情の表出を用いて、大人が子どもに意識の貸し付けを行い、子どもが物とそれにまつわる文化的行動のパターンを身につけて成長するのである。これは人の文化の獲得のプロセスでもある。

育児環境における多すぎるおもちゃと自文化の特色を失ったおもちゃは、大人の〈意識の助走〉を困難にする要因の一つである。実世界において大人との交流が十分にある場合、ヴァーチャルの世界やファンタジーの世界は子どもの想像を刺激し大人との関係を豊かにするが、後者しか与えられていない場合、実世界での大人との関係はますます疎遠になりかねない。コンピュータゲーム全盛の時代に、子どもに対する意識の貸与がますます重要になる。

子ども部屋と関係の発達

少なくとも今から20年前くらいから日本では子ども部屋を与えるのは決して珍しいことではなくなった。経済成長の結果、核家族の豊かさの象徴として子ども部屋が出現した。住居の一部である子ども部屋は、普通、物と考えないが、大人が子どもの生活環境を規定するもう一つの良い例であり、ここではそのような意味で子ども部屋と子どもの発達を考えてみる。

高度成長期に至るまで、典型的な日本の家屋の仕切りでさえ障子か襖のような暫定的なものしかなく個室はほとんど存在しなかった。住居が西洋式の建築になってから個室が作られるようになった。それまで家の空間は一緒に暮らしを営んでいる家族の構成員の間の共有であり、日常生活において多くの時間がともに過ごされることが多かった。特に農村において、生活の共同は拡大家族を超えて地域全体の共同でもあった。

都市化と核家族化は戦後日本社会に同時に拡大し進行する中で、都会の家族は伝統的地域社会の基盤を失い、多くの場合子育ては母親の孤独な戦いとなった。子ども、特に学童期に入ってからの子どもの多忙化、単身赴任や仕事に明け暮れている父親の家庭における不在等で、家族はそれぞれの生活を営んでいるために、食事や休憩の時間がバラバラである。そのような状況の中に、裕福の象徴と思われ独立心が養われると宣伝される個室がいつの間にか普及した。

子どもの発達の基盤は家庭もしくは家庭のような場所であるという考えは多くの研究の結果から支持されている。人間発達の基礎環境としての家庭（もしくは家庭のような場所）の持つ機能は主に二つがある。（1）安定性と持続性のある人間関係と、安定した愛着関係が形成されやすい生活環境、（2）ルールや態度の模倣といった基礎的社会化が行われやすい場所。しかし、核家族化、少子化と住居の個室化によって、これらの人間発達促進機能が低下しつつあると言われている。かつての拡大家族において、育児経験者が複数いるのは珍しくなかった。育てられるもの（子ども）が、育てるもの（大人や養育者）の子どもに対する言葉使い、態度や育児行動を学習しながら成長し、やがて子どもが育てるものになったときに、一種の〈役割交代〉もしくは〈志向の越境〉が容易に起こり、ほどほどの養育者になっていた（鯨岡 1997, 2002）。

少子化が深刻な問題になった今日、育てられたものから育てるものへの移行はますます困難になる。都会の高層住宅に住む核家族の若い母親たちが孤立させられ、子育ての手本もほとんど存在しない状況の中で、感情をむき出しに子どもの泣き、ぐずりや不従順さに対応しなければならないこともしばしばであろう。虐待や苛めの発生はこのような背景があると思われる。かつての混雑の住居や拡大家族の煩わしさから、都会での核家族への脱出により、個人の自由はある程度獲得することができたが、養育者になるという人間発達の新しい課題においては、何か重要なものが失なわれたように思う。

物と身体を媒介する相互交渉と共同注意の発達

本章ではこれまで人生の初期における大人による物や環境の構造化とその意義を見てきた。生活用品からおもちゃまで、私たちの生活はますます多くの物に囲まれるようになっている。しかし、子どもに「ある物」を与えるということは子どもと「他の物」との経験を奪うということでもある。環境に関しても然り、つまりある構造化をすることは、他の可能性を奪うのである。

発達の初期の子どもにとって養育者と物を媒介する相互交渉を通して、共同注意の能力を獲得することがもう一つの重要な側面である。以下は共同注視から共同注意への発達における身体と物のかかわりについて述べる。

子どもは新生児期から人の顔や物を注視し追視することができる。しかし、子どもが能動的に情報を求めて対象を見るには発達の時間がもう少し必要である。乳児は仰臥位にされることが多いので、〈首が座る〉までは自ら注視可能な範囲が限られている。言い換えれば、身体や姿勢の制御ができるまでは、養育者が自分の身体を動かして乳児の視野の中に顔を覗かせ物を提示するのが普通である。自分の顔や物を子どもの視野に入れその視線を捉える。この人間的・普遍的と思われる養育者の行動（および心理）は、きわめて文化的動機に基づく行動である。養育者は顔を見て子どもの状態をモニタすることがある。しかし、文化の違いによっては、新生児や乳児の能力、性質や養育者の役割に関する素朴心理学（folk psychology）が異なるということを考えると、子どもの視線を捉えて子どもと見つめ合うのは案外現代的・西欧的中流文化の〈こだわり〉かもしれない。例えば、アフリカのケニヤのグシイ族を研究しているアメリカの研究者たちによれば、グシイの母親たちは哺乳中に（あるいは他のときも）ほとんど赤ちゃんを見ないという（LeVine, et al. 1996, p.255）。

共同注視の発達（空間的束縛からの解放）

生後2-3ヶ月ごろの乳児は首が座り人の顔に対して〈社会的微笑み〉が出現する。日常の姿勢はこれまでの仰臥位中心から座位が加わり始める。しかし、この状態から子どもが支えなしで一人で座れるようになるにはさらに数ヶ月を必要とし、対象物への興味が重要な動機づけとなる。物を提示したり操作したりする養育者の媒介作用が小さい乳児の物に対する興味をさらに高める。乳児の物に対する興味は特に養育者が示す物の使い方にある。姿勢の制御能力が未発達の小さい乳児にとって、養育者の顔やおもちゃは乳児の限定された視野に入っていない限り、注視することも注視の対象に関する養育者と子どもの間の〈間主観的〉こころの交流も困難である。言い換えればこの時期の子どもにとって、共同注視という養育者と子どもの相互交渉システムの意識状態の達成には〈空間的束縛〉という障害が横たわっている。

一人で座れるようになる7-8ヶ月の乳児の視野は、身体の回転を利用してほとんど全開になる。このような姿勢制御能力の発達が、子どもの視野の拡大と注視・注意の積極性とあいまって、子どもの物と養育者との関係に大きな変化をもたらす。この時期になると、養育者は子どもの名前を呼んだり、音が出るおもちゃを鳴らしたり、どの方向からも子どもの注意を引くことができる。1歳前後になれば子どもが歩き始める。子どもの自分の姿勢の制御や物と人の距離の調整などはほとんど自由になり、養育者と子どもという相互交渉のシステムは、子どもの姿勢制御能力などの発達と養育者の努力によって、この時期にようやく共同注視状態の達成の障害である〈空間的束縛〉が乗り越えられたのである。

共同注意へ（時間・空間的束縛からの解放）

養育者と子どもが相手の目線の方向や指さしによって特定された注視の対象物に同時に注視し目の表情や微笑みなどで対象物に関しての感情や思いを交わすことができるのはおおよそ子どもが生後14-15ヶ月ころである（Butterworth 2001）。このような共同注視の達成は養育者と子どもの相互交渉に楽しさと味わいをもたらすだけではなく、子どものその後の語彙の獲得、言語発達および社会性の発達の重要な基礎となるのである（Moore & Dunham 1995）。

共同注視を厳格に定義すれば、養育者と子どもが共有するのは〈いま、ここ〉にある対象である。しかし、共同注視という意識状態を達成する養育者と子どもという相互交渉のシステムは〈いま、ここ〉の限界を超えてさらに共同注意へ発達する。つまり、養育者と子どものコミュニケーションは子どもの記憶や言葉の発達によって〈いま、ここ〉を超えて、過去と未来および想像の世界の対象に及び、視線の共有、目の表情や微笑みに加えて、声のトーンや言語表現の内容も両者の間主観的こころの交流に用いられる。言い換えれば、養育者と子どものコミュニケーションは〝時間的・空間的束縛〟から解放されたのである。

結論――身体と物を媒介する養育者の意識の貸与

養育者と子どもの相互交渉を、常に互いの身体、そして物や物の操作が媒介する。身体や物とその操作によって構成される相互交渉の行動は、互いの意識を一定方向に向かわせる。発達的に見れば、養育者は子どもとの暮らしの環境を設定しその構造化を図り、子どもとの相互交渉の中に物の存在やその文化的使い方を導入する。子どもはこのような対人的、社会的過程を通して身体的、精神的成長をする。このような過程において、養育者は子どものまだできないことをそのできる直前からモデルとして示し、できないことをカバーし、芽生えてくる能力をさらに伸ばしていく。言い換えれば、身体と物やその操作を媒介に、子どもの発達の足場を作り、最近接領域を拡大していくのである（Vygotsky

1978）。このような現象について、ブルーナーは発達する子どもに対する養育者の〈意識の貸与〉と表現した（Bruner 1986）。

このように、養育者は子どもとの相互交渉の中に自分の意図や欲望を投射する。一見意図も方向性もない一連の子どもの行動に、特定の意図や価値を付与し物語で語られるような形式（枠組み）を与える。目を開けて物を見る、あるいはクーイングや初期の発声のような、おそらく意図・意識もない、体系化されていない乳児の行動は、養育者が提示する物や物を扱う身体行動を媒介にして、子どもの注意や意識を一定方向に向けさせ、維持させることによって、子どもが意図・意識を持つようになり行動が体系化されていく。言い換えれば、養育者のこれらの枠組みの意識の借用を足がかりにして子どもは発達する。養育者が子どもとの暮らしの中に子どもの精神機能を形作り高めていくのは、養育者と子どもが所属する社会全体が共有する文化的装置である。もとよりこのような足場（養育者の意図、欲望、価値や枠組み）は、養育者が育った社会・文化から「借りた」ものである。子どもとの相互交渉を通して、子どもがこれから暮らしていく社会全体が共有している文化を養育者が次世代に伝承していく姿でもある。むろん、このような乳幼児への文化の伝承は、保守的で単純な受け売りの行為ではない。乳幼児と養育者にまつわり変化する環境や事物から、養育者が常に新しい要素を取り入れ乳幼児と関わっていく中で、新しい文化をも創り出すのである。

ヴィゴツキーの発達の最近接領域という概念は、身体行動と物にまつわる子どもの意識の組織化の過程においても適用できる。幼い乳児の瞬間しか維持できない意識は、文化的枠組みで組織された物および物を操作する行動の持続的かつ体系化された意識を養育者との相互交渉を通して貸し付けられて高度になっていく。やがてその子どもが自分が受けたのと同じように、次の世代の子どもへ、自文化における意識の貸し手となる。このように考えると、文化というのは、身体的行動や物とその扱い方に関する自己維持できる意識のパターンとして見ることができる。そして、文化の伝承とは、諸々の意識パターンの次世代への貸し付けとその蓄積であると言える。

コラム2 所有と身体

所有という問題領域から見ると身体はとてもおもしろい現象であることに気づく。それは正反対の二つの意味で「私のもの」なのである。

たとえば指が極度に冷えて感覚が失われ、動かせなくなることがある。するとそこに見えているものが自分の指でないような妙な感覚をもつ。私の意に添わなくなったからだ。身体は私の意志を担うものとして組織化され、その意味で「私のもの」となる。

だが身体が「私のもの」であるのはそれにとどまらない。ちょうど「私の先生」「私の世界」が別に「私の支配下」にはないのと似ている。ここでは主客が逆転し、身体は私を縛り、根源的に私を限界づける座である。私を支え、私の精神が棲まう場所と言ってもいい。いずれにせよここで身体は私の意の下にあるのではなく、逆に私がそこに（従）属する場として現れる。

このように「主」であるかと思えば「客」になり、「客」かと思えばまた「主」になる、そういう関係が「私」と「身体」の基本的な関係として見えてくる。一般化すればここには身体境界一般にも触る／触られる・押す／押される等の形で見出される、能動／受動の図地反転的な二重性がある。実はこの二重性こそが所有という現象を一般に基礎づけるものなのである。その意味で身体は、あらゆる所有の基点にあると言ってもいい。

では身体はどこまでが身体かと考えると、決して単純に「肉体」に留まらないことが分かる。たとえば差し歯はおおよその人が身体の一部と認めるだろう。では入れ歯はどうか。着脱可能だが、やはり身体の一部と化していると感じる人が多いだろう。衣服もその延長上に身体化して現れる。これは単なる比喩のレベルを超えた身体の延長現象である。

杖が地面をコツコツ叩くとき、生理学的に言えばその「コツコツ」を感じる感覚受容器が働いているのは手のひらに他ならない。だが哲学者の廣松渉がしばしば語るように、心理的な事実としては杖の先で地面を「触れて」いるのであり、その人の感覚もまさに杖の先で発生する。箸、テニスのラケット、運転中の車のボディーなど、身体として組織化（身体化）された物体は、そこに感覚さえ発生させるのである。感覚を失って動かなくなった指が自分のものと感じられなくなる（脱身体化）のと反対に、これらは身体化する。

所有物も「意のままになる」ものである。その意味で身体化こそ物が所有物になるための必要条件である。ただし十分条件ではない。なぜなら物が所有物になるには、それが私の身体から切り離される可能性の中で、私の意志の下にあることが必要だからである。実際身体も通常自分の所有物としてことさら意識はされない。しかし臓器売買という事態のなかでは、それが私の意志に従いかつ私を離れる可能性をもつ所有物に転化する。

発生的に見ると、およそ1歳を過ぎたあたりから、子どもたちはしばしば激しく物を奪い合い、相手を攻撃するようになる。それまで私の意志に従い、私の身体の延長であったおもちゃが、奪われることで私の意志に逆らい、他者の意志（身体性）を持って現れる。このように能動受動が反転する自他の境界面に、それにもかかわらず「私の意志に従うべき物」として「私の玩具」が現れるのである。これが「所有」の原初的な姿である。

やがてそのような延長身体の境界面としての所有は、自他の関係を外側から規定する第三者の出現によって三極構造をもつようになり、制度化された安定性を獲得するにいたる。ここにはじめて人間という種に固有の所有が成立し、その延長上に複雑な社会が成立するのである。その意味で人間世界は制度化された複合的身体のダイナミックな構成体だとも言えよう。身体は自他の共同主観的所有関係の中で、世界大に重なり合い、拡がっていく。

身体の発生論は、すなわちここで世界の共同主観的構造化の問題として現れるのである。

5章 物と行為

卵を割る

具体的な行為のエピソードからはじめることにしよう。生卵を手で割る行為である。筆者は、脳梗塞や卒中、あるいは頸髄損傷など、重度な運動障害者が、新たに運動を獲得していく過程をリハビリテーション病院で観察している。最近そこで、生卵を割ることが、意外にも困難な行為であることを知った。それは転倒して頭部を強く打ち脳を損傷し（医学的には「頭部外傷」という）、記憶や行為のプランに問題を指摘されている患者に出会ったときである。

「行為をプランする」というのは、手帳を開きこれからの計画を立てるというような場面だけで必要とされる能力ではない。たとえばテーブル上にいく皿もあるおかずやごはんを順序よく口に運んで食べる、というようなごく日常的な能力にも含まれている。この場合には行為による食物の選択が一回の食事のプランを実現している。それがうまく働かないと、同じおかずばかり食べ続けるとか、ごはんばかり食べ続けてしまうというようなことになる。

いそいで衣類を身につけるときにその段取りに戸惑ったり（丸首のシャツは頭から着るべきか？どちらの手から行くべきか？）、朝の外出までの短い時間で、洗面、着衣、食事、持ち物の用意などたくさんのことを同時に進めようとするときには、混乱してしまうことが誰にもある。その時には誰もが、いましたいことは明らかなのに、どのようにすれば目標の状態へと到達できるのかわからない、というような感じをもつ。それは行為にプランがうまく埋め込まれていないという状態に伴う感情であろう。

筆者が出会った40歳代前半の患者M氏は、担当医にその種の行為の問題を指摘されていた。彼は食事、更衣、洗面、移動などに困難があったが、それは生卵割りにも見られた。日常生活訓練で卵焼きを作るために卵を割る場面を観察した。月1回、7ヶ月分を観察して、割るために行われた卵と料理用ボールの衝突の回数を数えてみたら、平均して約23回であった。彼と比較するために8名の健常成人を観察した。彼らでは卵を2回から7回、平均して約4回の衝突で割り終えていた。M氏はほぼ6倍の衝突で卵を割っていたことになる。

観察をしてみてわかったことがいくつかあった。一つは、成人では卵を割るためにおよそ2種の衝突をつくりだしていることであった。卵を最初から強くボールに衝突させる人はいない。まず1回か2回軽く衝突させて、それに引き続き数回強く衝突させて割る。観察した8名が割るためにつくりだし

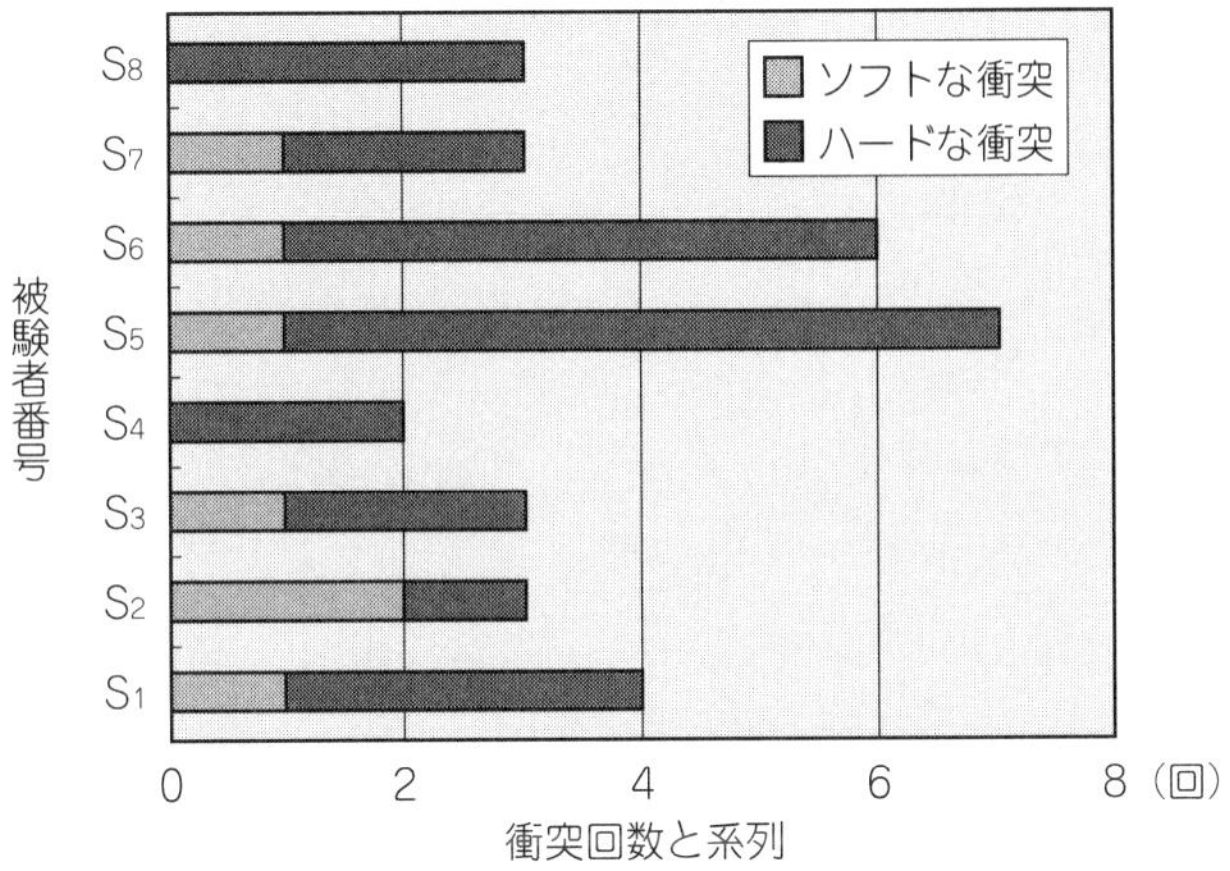

図5-1　卵割り行為の回数と分類（健常成人）

た衝突を、ソフトとハードに分類したものを図5-1に示した。6名が2種の衝突の系列で卵を割っている。試しに卵とボールの衝突音を分析してみたが、ソフトとハードの衝突音（卵と金属性のボールの縁）は音響学的にも明瞭な差があり、識別できた。図5-2にその内の1名の事例を示したが、ソフトな衝突では低い周波数成分のパワーがひときわ大きく、ハードな衝突ではこの低周波数パワーの立ち上がりがなく、すべての周波数にパワーの均等な分布が見られる。

健常成人の観察と同じ基準で、M氏の卵割りを音響学的に分析してみたが、彼の卵割りにはソフトとハードという明瞭な区分がなく、ソフトとハードを混合したような中間的な形状の周波数分布を示す衝突が多かった。やや強引に割りの系列をソフトとハードに分類してみたが、何回かでは幾種かの衝突が循環する複雑な系列が見られた（図5-3）。

卵割り行為の分析は現在も続行中であるので、ここ

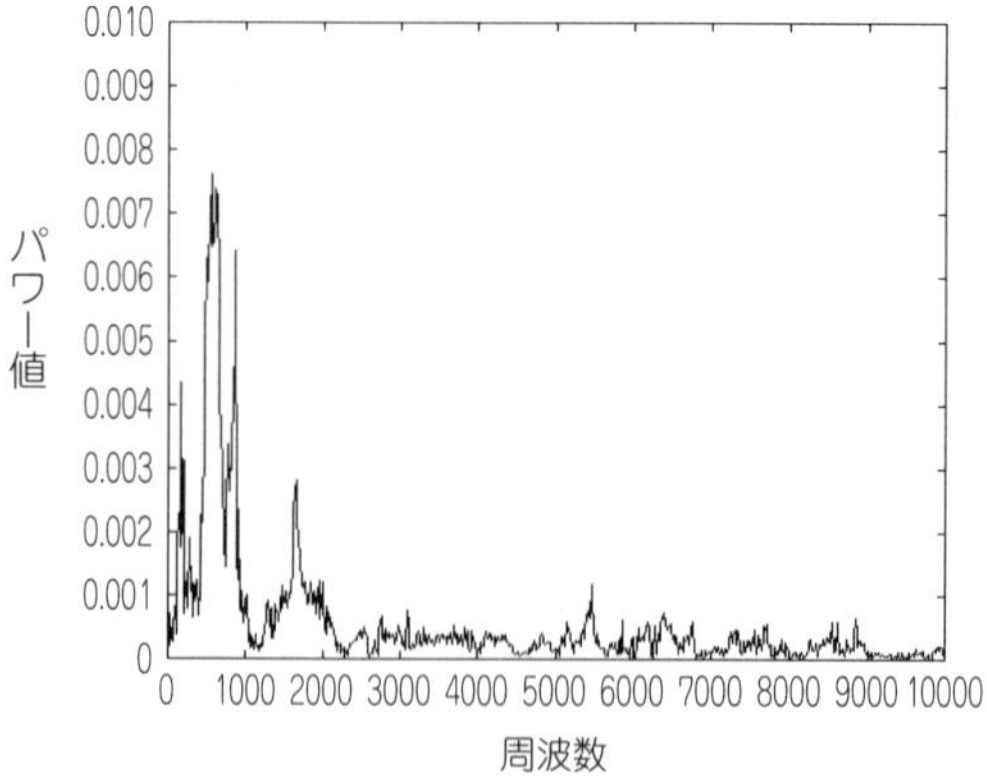

ソフトな衝突（1回目）

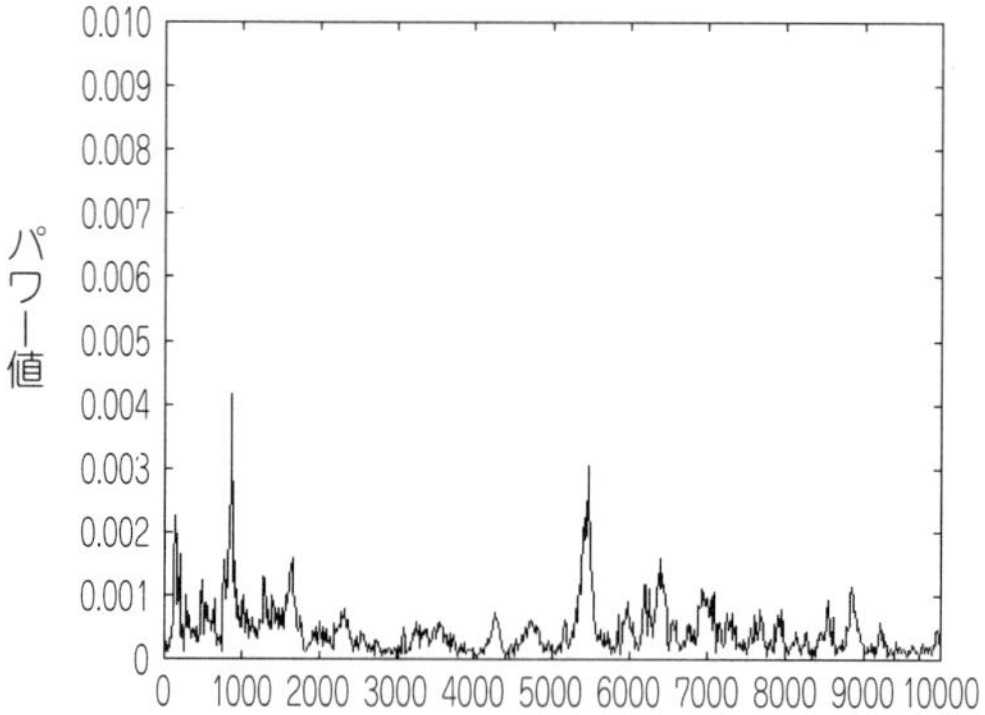

ハードな衝突（2回目）

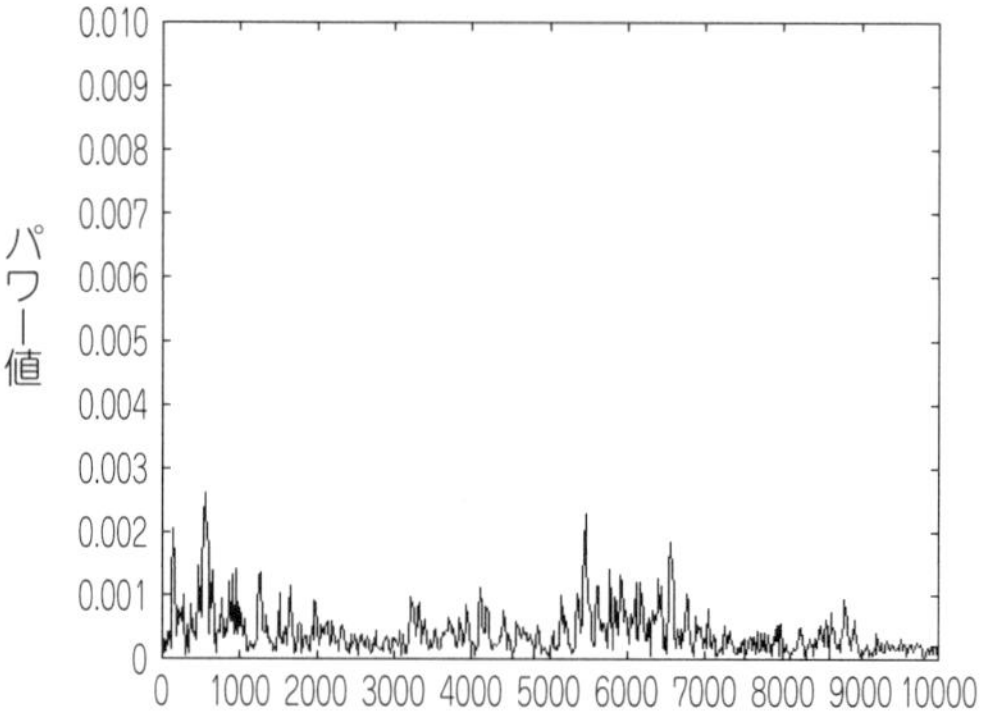

ハードな衝突（3回目）

図5-2　卵割り行為系列の音のスペクトル分析、2回目で割れている

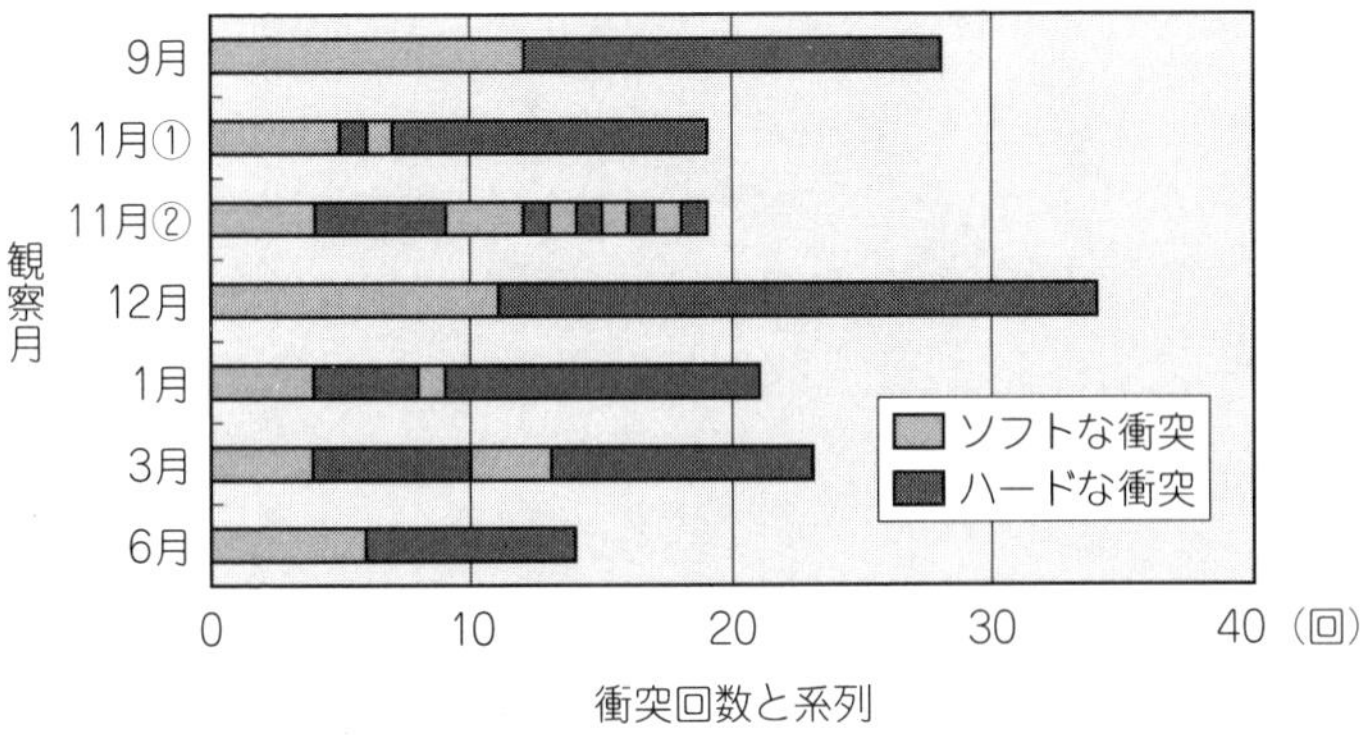

図5-3　卵割り行為の回数と分類（M氏）

では結論めいたことを述べることはできない。ただ、この簡単な観察が、行為についてある見方を与えてくれた。二つのことである。

一つは、物（卵）があってそれに行為（何かに衝突させて割る）がかかわるとき、行為が数種に分かれるということである。もし手で割る物がシャボン玉のように表面の固さを探るまでもなく、触ればすぐに割れてしまうような物だったとしたら、割る行為は一種類だけの接触で構成されるだろう。しかしたいがいの場合、物を割る行為は、まず物の表面を慎重に探ることから開始される。割るための行為はそれに引き続く。だから物を手で分割するためには2種の行為をする場合が多い。物によっては割るための行為はより多様であることが要求される。いずれにしても物に出会うと行為は多様になる。物との接触は行為を分化させるのである。

卵を割る時に現れる2種の行為はそれぞれユニークである。なぜなら卵はその内部で育つ雛を守る程度に固く、しかし雛の嘴がそれを壊せる程度に壊れやすい。この固さと柔らかさの独特な混合が卵の表面の特徴であり、同様な表面を持つものは他にはない。だから卵を割るときに私たちが作る幾種かの衝突は、そのどれも卵だけが生み出すことのできた行為だといってもおおげさではないだろう。物は、新しい独自のふるまいを行為にもたらすといえる。行為に創造と変化の機会を与えているのは物なのである。

分化した行為にはもう一つのことが起こる。それは先に「プラン」とよんだことである。物に出会って分かれた行為は、同時に特徴のある組織（系列）になる。卵割りの系列に見られたように（図5-1）、この組織も、物にその性質を与えられている。私たちはそこに物と折り合ってできた行為の連鎖を見る。行為のプランなどといわれていることの一部は、この連鎖組織のことであろう。行為が物と出会うと行為は分化するのだが、分化した行為は組織化する。本章が考察するのは、この物による行為の分化と組織化という出来事である。

靴下を履く

もう一つの事例を示す。靴下である。患者K氏は20代前半。事故で頸椎の5番を脱臼し骨折し、肩から下の全身は麻痺し温痛覚を失った。事故から一年後の秋、靴下を自力で履けるようにと練習をはじめた。この時期までに、車椅子からベッドへ乗り移ること、ベッド柵を利用して起き上がること、平らなマット上で関節をブロックした両手で上体を支えて、前後に移動することなどの動作を習得していた。しかし排泄と着替えはまだ自立していなかった。

１９９８年９月に担当の作業療法士がＫ氏に靴下を渡し、自分で工夫して履いてみるようにと促した。靴下の入り口左右には、輪状のヒモが縫い込まれていた。彼の、十分には動かない二本の親指を「ひっかけ棒」のようにしてこの輪に差し入れ、靴下の入り口を開き、そこに足先を差し入れると、靴下を引き上げることができる。

Ｋ氏はまずベッド上で全身を腰のところで二つに折りたたみ、両大腿に上体を乗せ、両手を両足先まで接近させた。彼の柔軟な身体が可能にした屈曲姿勢である。この姿勢のまま、８分間、両手で片方の足を他方の足の上に乗せようと試みた。まず片足を扱うためにである。しかしうまく行かなかったので、作業療法士がベッドの背を起こし、上体が起き上がるかたちにした。その姿勢で７分、計15分かかって自力で片足の靴下を履いた。

９月、10月、12月に各１回と、翌年の３月に２回、合計５回、靴下履きを記録した。片足履きに要した時間は、15分、15分、７分、５分、２分であり、じょじょに短縮した。各回の靴下履きの「動作数」を数えた。「動作」は「両手、両腕、胴などの、わずかではあるが動かすことのできる各身体部位の位置や方向を自ら変えること」と定義したが、その数は各回、６９０、９６７、５８５、１７５、２１７で、これもじょじょに減少した。同一基準で健常大学生の靴下履きの動作数を数えると15回前後であったので、Ｋ氏は随分と長い動作系列で履いたことになる。

健常者ではたいがいの場合、靴下はあっという間に足を覆っている。靴下を履く過程について考えた経験をもつ者は少ないだろう。しかしK氏の長く複雑な行為過程は、靴下がおもいがけないほどの困難さを私たちの行為に与えていることを示していた。

靴下履きという課題を理解するために、靴下履き習得中の幼児の行為を保育園で観察した。保育園の1、2歳児は、床に寝ころがって足を上げたり、保育者の膝の上に座って手伝ってもらいながらど、多様な方法で履いていた。しかし3歳児はまったく異なっていた。午睡のあと起きだした3歳児は皆が同じ一連の流れで靴下を履いた。それはまず「床に座る」、つぎに「左右の足を順に手元に近づける」、そして「靴下の入り口をひろげて履き入れる」という順であった。この観察後に、靴下を履くために誰もがしていることについて、やや見通しが持てた。

靴下は履く人に複数の課題を与えているが、それらを挙げると以下のようになるだろう。

（1）靴下を履くためには身体の中で眼や手からもっとも遠い、足の先端で物を操作しなくてはならない。足の先端を手で扱うためには、手を足に近づけるか、足を手に近づける必要がある。そのため身体にはある程度の柔軟さがなければならない。しなやかに身体を屈曲できなければ靴下には接近できない。靴下は身体に屈曲という課題を与えている。

（2）足を手元に近づけても、手を足に近づけても、重たい頭部は移動する。そのため全身のバランスが崩れる。つまり靴下は「転倒」の危険をもたらす。靴下を扱うためには平衡を保つ必要がある。つまり靴下は全身に平衡の調整を強いている。平衡を取るためには多様な方法がある。尻や腰などを床や壁に接触させる方法もその一つであるが、3歳児は尻と床を接触していた。

（3）バランスを取って、しなやかに身体を屈曲させた上で、靴下はさらにもう一つのことを行為に強いる。それは細かな手の操作である。靴下は細く長く、柔らかい繊維でできている。それを固くて先開き形の足先に入れることは容易ではない。靴下は手に独特な技を要求している。

靴下には3種の課題が潜在している。この困難に、誰もが幼児時代の一時期に遭遇して、老人になればまた出会うことになる。行為にとってはこれらの困難が靴下の本性である。ここにあげた3種の課題をどう克服していくかということが行為に求められている。靴下にかかわる行為は簡潔にいえば「転倒しない」、「全身を屈曲する」、「靴下を手で操作する」という3つをすればよいのである。

3つの課題は靴下が行為をどのように分化するかということに関連している。卵が2種の衝突を行為にもたらしたように、靴下は行為を大きく3種に分ける。ただし卵のときの衝突のようにそれは単純ではない。各課題をこなす行為は多種類ある。

各月の動作を「体幹姿勢の調整（平衡の調整）」、「手を足に接近させるために脚を手元に持ってくること（全身の屈曲）」、「靴下につま先を入れる」、「靴下を引き上げるための手による操作」という課題の下に分類した。各課題をこなすための動作を「下位行為」とよぶ。図5-4には、片方の靴下を履き終わるまでに、4つの下位行為がどのように現れたのかを示した。5回分をまとめている。図中、黒色の濃い棒は一つ下位行為が単独で行われたことを、灰色部分は複数（二つ以上）の下位行為が同時に行われたことを示している。

9月では4種の下位行為のうち、2種以上が同時に行われることが多かった。転倒しない、屈曲す

図5-4　靴下履きにおける姿勢の組織化

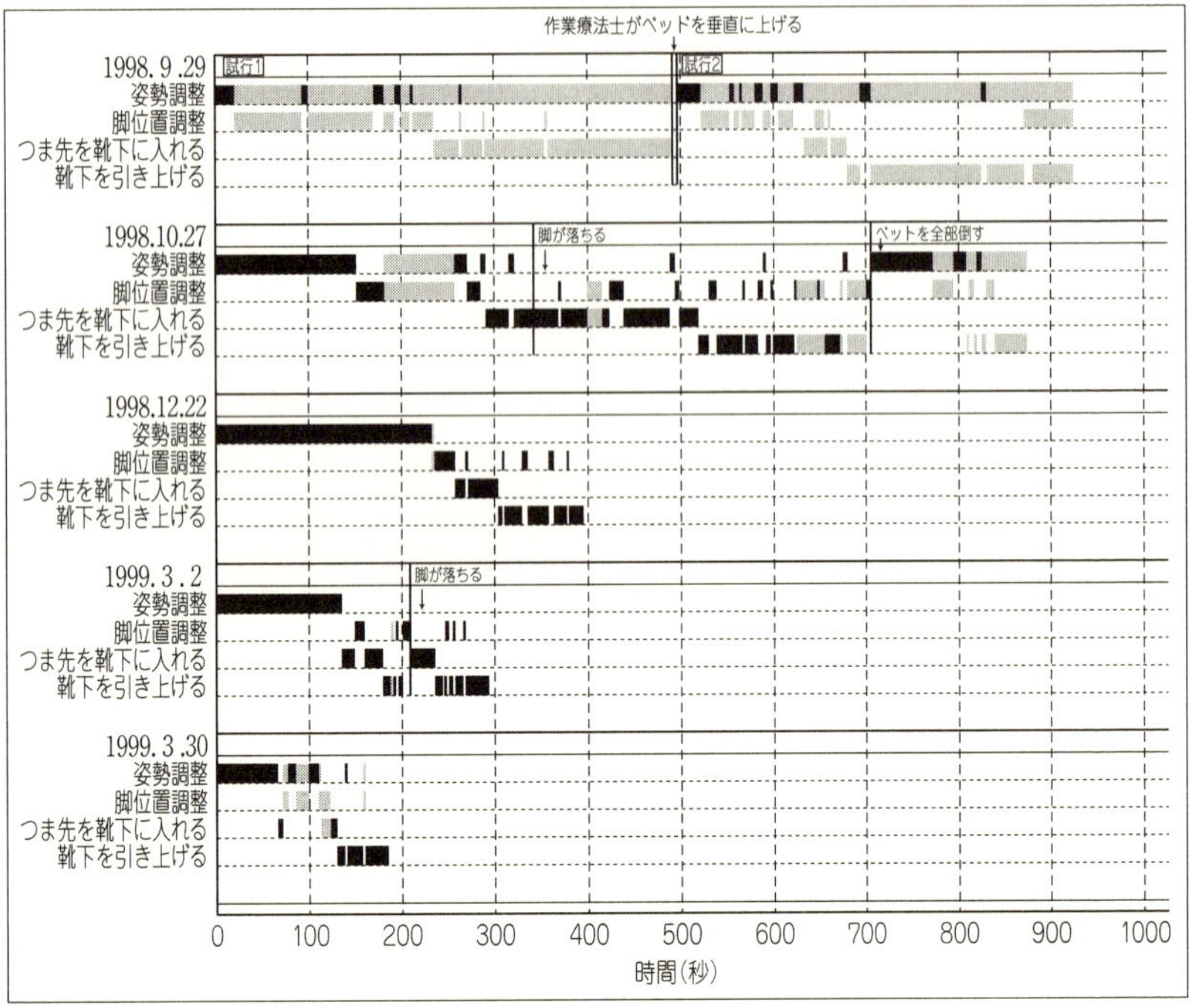

る、手で操作するという課題は他の課題と同時に行われている。10月になると単独の下位行為（黒）が現れる。まず胴体の姿勢調整を行い、つぎに脚を手元に持ってくることと胴体姿勢の調整とを同時に行っている。靴下の操作は、胴体姿勢や脚位置の調整と交互にリズミカルに行われている。12月はちょうど保育園で観察した3歳児のようである。4つの下位行為が段階を追って行われている。そして3月、この段階化の方法は再び崩れ、9月に見られたような4種の下位行為の混合が再び現れている。とくに最後、3月30日でそれは顕著である。この日は胴体姿勢調整がはじめられ、脚位置調整や靴下の操作は、その姿勢調整の更新と同時に調整された（靴下履きの分析については、宮本 2001に詳しい）。

分析はK氏が靴下を履くたびに、下位行為間の同時的、継時的な動作連鎖を組み換えていることを示した。どの月でも靴下は履けたのだから、毎回異なる下位行為の組織は、すべて「靴下履き」として成立していたことになる。どの組織もユニークであるが、毎回変化した多様な行為の組織のどれもが靴下履きなのである。この靴下履き行為にみられる柔軟性は、それが複合の仕方をいかようにも変更する複数の下位行為の組織であることによって保証されている。

私たちが発達を見るのは、この種の、行為を構成している組織に起こる組み換えにだろう。行為には持続する相と変化する相がある。持続するのは行為を構成する下位行為の課題が同一であり続けるということによっており、変化はそれらの組み換えの結果として全体組織が現れることによる。つまり持続と変化は一つの行為に同時にある。そのことが行為に発達の可能性をもたらしている。

デクステリティ

本稿と観点を共有する行為論がある。ロシアの生理学者、ニコライ・ベルンシュタインが20世紀の半ばに構想した「デクステリティ（巧みさ）」についての理論である（Bernstein 1996）。

ベルンシュタインはまず動物運動を記述するために新しい単位を提案した。彼は脊椎動物の運動システムの特徴の一つを、素早く力強い収縮を特徴とする横紋筋が、内部に硬く丈夫なレバー装置を持つ点に見いだす。このシステムは、身体が柔軟に動くことを可能にしたが、同時に制御に困難さをもたらした。それは、たとえばシリンダーが、硬い金属のシャフトではなく、バネで接続している機械のようなものなのである。

結果として、ヒトの身体は膨大な自由度を持つ。機械のように、ただ一つの軌道上を動くのではなく、原理的には無限に多様な軌道を選択する。それは、運動を一つには「決定できない」システムである。そして進化はこの制御における困難、「非決定性」とでもいうべき特徴をむしろそのまま利用して、それを創造の原理に変えた。この脊椎動物の身体に誕生した、新しい制御原理をベルンシュタインは「協応」と名づけた。

ベルンシュタインは協応を「運動器官の冗長な自由度を克服すること、すなわち運動器官を制御可能なシステムへと転換すること」と定義した。協応を理解するために、ベルンシュタインは図5-5

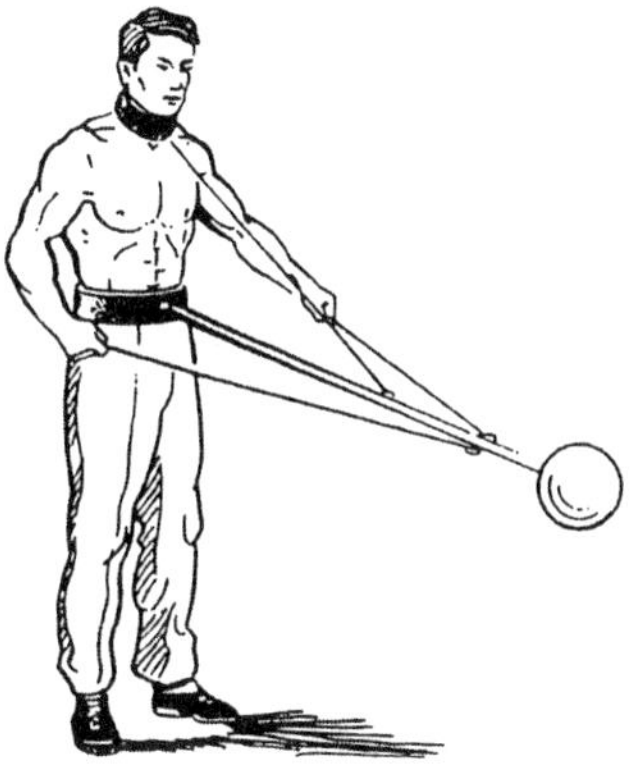

図5-5 協応のモデル（Bernstein 1996より）

のようなモデルを示した。一人の男が身体から棒で延長した頭部大の球の位置を3本のゴムヒモでコントロールしている。ちょうど私たちが、頭（図の球）が揺れすぎないように全身の筋、とくに両脚や体幹の筋を微妙に動かしながら、立ちつづけているというような状況である。男は眼でボールの位置やヒモの弛み具合を、足裏の接触感覚で全身のアンバランスを、そして手ではヒモの張り具合を感じている。このようにさまざまな感覚を動員して一つの運動課題（ここでは頭部に擬せられたボール位置を維持する）を解き続けている。この物と身体の全体が協応という単位である。協応は、動くことと感ずることを同時に行い続けている単位である。

協応の創造は、運動の制御方法に根本的な変革をもたらすと同時に、動物の運動が本格的に環境と組み合う存在となることを可能にした。協応を獲得することで、運動は休むことなく環境との出会いを探り続ける存在になった。手が卵と出会って獲得した数種の衝突も、全身が靴下に出会って獲得した数種の姿勢や操作も協応である。図の男が出会っているのは地面であり球である。それらが微細に平衡を探索し続ける全身の運動調整をもたらしたのである。

ベルンシュタインは、進化はおおよそ3種の協応を動物に与えたとする。第一は水のなかにいた魚や両生類の体幹部の運動として、第二は両性類の移動運動として誕生し、ついで環境とのより複雑な結合である第三の協応が爬虫類に現れ、それが空間を縦横に移動する鳥類を出現させたとする。ベルンシュタインはそれぞれを脳の階層構造に対応させて、レベルA、レベルB、レベルCとよんでいる。

レベルAとは全身のなめらかな動きである。あらゆる環境の変化に対処し、身体をほんの少し動かしたり、揺すったり、ねじったりする動きである。動物はその動きで周囲の水や大気の流動といったマクロな環境の変化に同調している。レベルAは「無脊椎動物の柔軟性」に起源を持つ。

レベルAは「ジャンプで身体が空中にある数秒間」や「水への板飛び込み」のような「自由落下の最中」にとくにその存在が現れる。しかし特殊な状態に身を置かなくても、レベルAはすべての運動の「背景の背景」、「動作のおおもとを支える土台」として、全身と、広い周囲との折り合いを静かに調整し続けている。

身体は、バネをつなげた塔（その頂には重たい頭がある）のようなものであり、常に揺れている。硬い床の上に立つとき、移動するとき、全身は大小の動揺を起こしている。第二の協応、レベルBはこの振動のリズムである。身体はこの振動のリズムを源として種々の動きをつくりだしている。

レベルBは移動時の伸筋と屈筋の活動が交代する「筋の合唱（シナジー）」に起源をもつ。それはのこぎり引き、やすり掛け、杭打ちなどをする身体の各部にある連続的なサイクルである。レベルBは、リズミックな成分を少しでも含むすべての動きに存在する。「書字、編み物、抱擁、全身を伸ばしたりあくびをしたりする動作」や「半ば自動化した数々の個人的な癖、たとえば耳の後ろを掻いたり、ボタンをねじり回したり」することにもレベルBが働いている。

身体はレベルAで平衡を獲得し、レベルBでリズムを獲得した。二つの協応によって転倒せず、遠くまで行けるようになった。そのとき「空間のレベル」、レベルCが登場した。レベルCは狙いを定めて対象を移動させる運動である。多くは一回限りの運動であり、物を指したり、手に取ったり、置いたり、投げたりする動作である。レベルCには始まりと終わり、成功と失敗がある。

レベルCは一つの空間目標に対して、数えきれないほどの道筋を選ぶことができる。動作途中で不意に事態が変化しても、切り換えることができる。同じことを「右手でも左手でも、肘でも、足先でも、鼻やその他の部分でもできる」のはレベルCの働きである。すなわち運動に柔軟性と機転をもたらしているのがレベルCである。

ベルンシュタインが指摘した3種の協応は、環境全体が、動物の全身を、進化の長い時間をかけて分化させた単位である。進化が創出した下位行為である。協応の種類を示したベルンシュタインは、つぎに3種の協応の組織として行為が記述できるとした。

たとえば円盤投げでは、まず首や体幹の筋を不随意的に収縮させ、適正な緊張を保つことが必要になる。これはレベルAである。つぎに身体をばねのようにねじって勢いよく戻すために、頭から足先まで全身にわたる筋のシナジーが必要になる。これはレベルBである。そしてレベルCの投動作が、二つのレベルの上に「ちょうど馬にまたがる騎手」のように登場する。そこではC／A×Bとベルンシュタインが表記した、新しい運動の複合が生じている。この種の複数のレベルの複合をベルンシュタインはレベルD、デクステリティ（巧みさ）とよんだ。

ベルンシュタインは「騎手になる」主導的なレベルがどのレベルかという観点から、レベルDを分類した。「靴ひもを結ぶ、アイロンをかける、パン生地をのばす、髭を剃る、髪をとかす、ページをめくる」などはレベルBの背景活動を必要とし、「編み物をする、糸を巻く、髪を編む、石鹸で身体身体を洗う、服を着る、ハンマーを打つ、掘る、縛る、糸を紡ぐ、ハンドルを回す」などではレベルCがとくに優位である。また「のこぎりを引く、時計のねじを巻く、果物の皮をむく、包装する、縄で縛る、スキーの回転、フェンシングの防衛」や「刺繍、鍛冶屋の動作、注射をする、フェンシングの攻撃、投げ縄」などはレベルBとCが同じ力でデクステリティを支えている。「発話、書字」などもBとCの協同が徹底的に探られた結果として成立するレベルDである。

ベルンシュタインはデクステリティのレベルをとくに「行為」とよび、それに不可欠な特徴を二つ上げている。第一は行為では系列が「入れ換わり可能な動作」から構成されているという点である。行為には同一反復はありえず、行為の繰り返しは動作の連鎖の構成と構造に「適応的な変動」を起こす。それは動作の結び目の多様性を探ることである。行為の練習とは複合するレベル間の「協力関係を作り上げるための念入りな準備作業」のことなのだとされた。

ベルンシュタインが行為に挙げるもう一つの重要な特徴は、それが「対象を伴って行われる」ということである。行為は「タバコに火をつける」、「卵を調理する」、「あごひげを切り整える」、「粘土を器や彫刻に変える」などのように具体物とかかわる。そのとき行為は「物を決定的に変化させる」。レベルDはそれまでの「動作リンク全体の流れが一変してしまう」ような調整を行うが、「それはちょうど、画家の師匠の一筆が、弟子の描いた絵全体の印象をがらりと変えてしまう」ようなことである。いくつかのレベルが複合して、それがまったく新しい物の意味を発見するようなときに、デクステリティが現れる。

ベルンシュタインがデクステリティで強調したことは、多種の協応が複合したときに、複数のレベルが同調していた環境がたんに加算されるのではなく、行為が加算を越えた未知の環境に到達するということである。ロシア語のデクステリティ（lovkost）には「捕まえる（lov）」という意味がある。行為とは環境の新しい意味を捕獲できた運動を意味する。それはあるきっかけで一気にそれまで知ることのなかった環境に触れることのできた運動である。デクステリティは運動を取り囲む条件によって決まるのである。

まとめ

本章ではまず物との出会いが行為に生じさせることを具体的に示した。行為は卵や靴下と出会い、多様化し組織化した。ベルンシュタインの行為論は、進化という時間で、動物の行為に起こった多様化を描いていた。本章で紹介した事例も理論も、行為は物（環境）との出会いという単位を基礎にその複合として記述できる必要があることを示していた。

環境に出会って行為は分化し、組織化する。新しい単位によって組織化された行為は、それまでは出会うことのできなかった環境のレベルと出会う。行為と環境にはこのような循環がある。行為の成立と構造が周囲に基礎を置いているということが、行為が発達することを導いている。環境は行為の発達の培土なのである。

コラム3 I君の自助具

私は、修士論文の対象者になっていただいた不全頸髄損傷者の方（20歳男性、以下I君と呼ぶ）のフォークと箸の自助具を作らせてもらったことがある。病院での作業療法の訓練時間に見た、カップを重く感じたりチーズケーキをスッと切れなかったりする麻痺のある身体は、私には分からないことだらけだった。ある時、自助具は普通の人に近づけるための道具ですか、と作業療法士（OT）の先生に尋ね、「健常者に近づけるんじゃないよ」と、答えが返って来たことが少し不思議だった。

まずフォークの自助具を作った。I君の指の動きには、いくつか試した既製の自助具は合わなかった。とりあえずフォークで胡瓜を刺してもらうと、指が柄からずり落ちたので、湯で形態を加工できる弾力性のある素材を柄を持った指に巻きつけてみた。それからコロッケや梨を切ったり持ち上げたりしてもらい、動きに合わせて指を入れる穴を作り直した。だんだん、I君は中指をフォークに少し添える程度でしか使わないことが分かってきたので、穴は人差し指用だけにした。フォークの持ち方は、OTの先生とI君と私で違っていた。周囲の人のフォークを持つ手を観察してみた。決して皆が同じではなかった。

自助具を作っていて少し驚いたことは、I君が自助具の形態の微細な差異に敏感なことだった。最終的にできあがった、フォークの自助具の中指を添える出っ張りの部分についても、I君は紙一枚分くらいの隙間を開けて、といった表現をした。それでより弾力性が出て、中指を添えやすいという。箸の自助具の場合も同様だった。箸自体をしっかりつかめないからか、麺の重みで箸が傾いたとき、「タバコは挟めるけどね」と、I君が言った。そこで、丸くて柔らかいタバコのように角形の箸に繭形のグリップをつけ、もっと太くして持ちやすくした。だが大きめの塊状の食べ物はまだつかみにくいようだった。グリップにI君の指形をつけると、それまでは余裕のないまま持ち上げていた唐揚げが、スッと持てるようになった。グリップの形態の小さな変化で、I君の動きが変わった。I君の身体は、自助具の微細な差異によって、周囲にあるものが利用できたりできなかったりした。

自助具は、より柔軟に周囲にあるものを利用できるように導く道具だと言える。環境にある情報をピックアップして、有機体は環境に対処していく（Gibson 1979）。食事ひとつとっても、固かったり、つるつるしていたり、ねばねばしている、多様なものに出会う。I君はフォーク一本で、さまざまなことができるようになっていた。魚の皮まで剥げるようになったという。しかしまた、箸を使うことによって出会う食べ物の多様性もある。フォークにはフォークの、箸には箸の、固有な動きと食べ物との接触がある。

ある時、どんな場面で自助具を必要と感じるかを尋ねると、I君は「ガツガツ」食べたいとき、と答えた。たとえば御飯を「がばっ」と口に入れたいときに、「ちょろっとしか」とれないと嫌なのだという。いらいらするという。I君が、おいしく食事をするための道具が必要なのだと私が気づいたのは、自助具を作り始めて大分経ってからだった。

自助具作りで最後に私が行き着いたのは、道具というものの境界線を越えた、I君の身体の動きだった。それは、「不全頸髄損傷者」の動きというよりも、日常生活の中で、時にガツガツ食べたくなり、いらいらし、タバコを吸ったりする、I君というひとりの人の動きだった。I君の身体の麻痺を、環境との出会いの固有性の中にとらえ始めた。自助具は、I君がI君の身体で、より柔軟に環境と出会い、生活していくのを助ける道具ではないかと、私は考えるようになった。

第2部

かかわり合いの中の身体と発達

6章　身体を作る・見せる
7章　触れる・離れる
8章　匂　う
9章　介護する
10章　虐待する

●コラム4
乳房をもつ身体

●コラム5
胎　動

●コラム6
アタッチメント

●コラム7
抱　き

●コラム8
遊び・ケンカ

6章 身体を作る・見せる

からだに満足できない人々

「身体を作る」。このことばから思い浮かぶのは、化粧やファッションといった「身だしなみ」や、「身のこなし」としてのしぐさや技能的なわざ、それとも若々しさと健康のために「からだを鍛える」ことであろうか。[1] さらには、ピアッシングや刺青などの「身体変工」や、より積極的な「改造」としてのエステティック、ボディービル、美容整形などをイメージする人もいるだろう。このように並べてみると、私たちは「作る」ことに決して無縁ではない。むしろ、その欲望をもたない人のほうが稀ではないだろうか。

つい最近、担当授業の中で学生が「プチ整形」を発表テーマに取り上げた。流行への反応の早さもさることながら、経験への誘惑を伴ったような質疑応答の熱っぽさに、ちょっと驚いた経験もある。

髪を染める、フィットネスに通う、ダイエットを試みる、タトゥーを入れる……、今と異なる容姿への希求は、ますます大きくなってきているように見える。その一方で、身体の外形性へのこだわり＝「からだをキレイにすること」に熱中するあまり、その生理的機能や「こころ」を傷つけるケースも少なくないという報道に、なにがしかの懸念を覚えるのは筆者だけではあるまい。

この章では、からだを積極的に作り変える現代の風俗を中心に取り上げながら、身体を「生」の事実の中に定位させる見とり図について考えてみたいと思う。

「作る」ことへの人類学的な視角

身体装飾や身体変工の伝統的社会における意味は、数多くの文化人類学的調査によって、（a）所属集団の標識、（b）社会的位置の標識、（c）特定の美意識の実現、（d）性的欲望の促進または抑制、（e）呪術的・宗教的な意味、などに大別されている。そしてそれは、身体の外面的な「形」の変化である以上に、《変身、それも全存在の変換の意味を担っていた……。身体そのものが魂、あるいは命という領域を包むものだったゆえに……身体的存在を変形させる方法を社会が共有し、それゆえ身体もまた己れのものであるとともに社会に管理、共有されるもの》（中村・岩本 1999）ととらえられてきた。すなわち、身体がもつ社会的記号としての側面や、特定の社会の中で成長し生活する個々人が内面化した身体観などの解明を重視したのである。

また、マルセル・モースが提起した行動の様態＝身体技法の概念（Mauss 1968）も重要である。日本人の「お辞儀ぐせ」がよく話題になるように、歩き方や手の使い方、休憩中の姿勢など、およそすべての動作には、成員個々の習慣や生理的能力の偏差を超えて文化ごとに固有な技法がある。モースによれば、それは、同一の文化の中でも性別、年齢別に区分され、変化する社会的《型（habitus）》であり、しつけや教育によって身につけるものである。したがって身体の「型」は、その意図の有無にかかわらず、多くは意識されないうちに社会的な意味を表現してしまうことになる。

このように、ある文化の成員に共有される身体の意味づけや、「文化の鋳型」と呼ばれる規範性に重点をおく分析は、その後の人類学や社会学のなかで繰り返し述べられ、現代の身体を読み解くうえでも重要な視点を提供している[2]。とはいえ、きわめて多様で個別的な身体の作り方に対して、それだけで十分とは言えないように思う。そこには、「鋳型」を受け入れつつ個性をもち、対立しせめぎ合うカテゴリーを絶えず調停して生きる人々の姿がなかなか見えてこないからである。

人はなぜ、身体を作ろうとするのだろうか。

昨今の身体論ブームのなかで、からだ／こころ、自然／文化、感覚／言語、自己／他者といった、いくつもの二元的枠組みがもたらす哲学的な論理の袋小路に入り込まず、このような問いに答えていくことは容易ではない。しかしながら、私たちが身体として存在しその欲望を共有する以上、ある特徴的なあり方への希求＝「作る」と、他者の視線への意識＝「見せる」が交叉する場に、リアリティをもって参入することは必ずしも不可能ではないはずだ。スタティックな文化の規範と動的な現実の身体の往復を要請する、この難問へのアプローチの《手がかりは、〈時間〉性のなかに求められる》（菅原 1993, p.286）のではないだろうか。「ともにある身体」のリアリティを追求する希有な人類学者、菅原和孝が示すこの展望に導かれながら考察を始めてみよう。

変化すること／作ること

身体の時間——変化と分節

私たちにとってからだは、遺伝的な性質にもとづく所与のものであり、ふだんの生活の中ではほとんど変化しない、すなわち、共時的には確定性・同一性を帯びたものであるととらえられている。街のショーウインドウにたまたま映った自分の姿に、思いがけない加齢のしるしを見つけショックを受けるのは、自分のからだの確定性と現実の変化の間にささやかな亀裂が入るからであろう。その一方で、実際のからだは、成長やトレーニング、装飾や加工、病気や老化によって常に変化をとげる。しばらくぶりに会った知人の変貌に驚き、「幸せそうじゃない！」「ご苦労されたんですね……」と語りかけるとき、時間や経験が身体を作り変えていくという素朴な実感がある。

人のこころとからだは、機械が刻むような均質なものではなく、長く滞留したり急に流れ出したりする、身体に特有な「時間」を生きている。そして、成長や発達にともない緩急する時間の中で、意図しない変化を懼《おそ》れるとともに、希求した変化が実現することに喜びを覚える。ここに、身体を人為的にコントロールすること――すなわち「作る」こと――への根源的な誘惑が萌していくのである。時間や経験が変化としてその痕跡をはっきりとしるす、身体がそのようなものであるならば、それを意図的に作り変えることは、自身に何らかの影響を及ぼさざるを得ないはずである。

希求したからだを作り出そうとする美容整形を例に、この点を考えてみよう。手術経験者を対象に調査を行った川添裕子によれば、長い間外見の劣等感にさいなまれてきた人たちは、手術が成功した直後に《まるで人生が180度転換したみたい》《これまでの人生の中で、一番自分というものを感じています》《捨てたくても捨てられなかったものを捨てることができた。……これで人生のスタート地点に立ったという気がする》（川添 2001, p.69）とその実感を語る。ここには、「世界が変貌する物語」とでも言うべき、劇的な経験と新しい時間への期待があふれている。人間にとっての「時間」はそれぞれが異なる質的な次元をもち、その志向性に応じた「物語」を紡ぎ出すのである。このように、意図的に身体を作り変えること、時間を過去と未来に分節すること、そこに質的な飛躍が起こることの3要素が不可分に結びついた過程を、この章では〈身体の移行〉と呼ぶことにしたい。[3]

これに対して、「世界の変貌を拒む物語」とでも言うべき身体の作り方もある。「たるみ・しわ取り」「皮膚のケミカル・ピーリング」など、30歳代以上の希望者が多い施術は「(アンチ) エイジング」と呼ばれ、最近の整形業界において主要な収入源の一つとなっている。10〜20歳代に希望者が多い「二重まぶた作り」「整鼻術」「豊胸術」などが「世界の変貌」を目的とするのに対し、からだの経時的変化を除去的に操作する「エイジング」は、むしろ〈移行〉の留保を目的としている。[4]

数年前に話題となった「黒肌・白髪」の「ガングロ」メークを施した女子高校生へのグループ・インタビューをみると、身体を作ることと〈移行〉の関係はより複雑である。

Ａ「もうちょっと大人になったら落ち着くと思う……」
Ｅ「自分らしさが見つかるまでは好きなようにやって、見つかったらそれを極める。違う自分を見て、また原点に戻って……そういうのをやんなくなったら、オバさんになってしまう……」
Ｄ「年だなっていうか、何も、化粧も気にしなくなる。スッピンでもスーパーに行っちゃう。そうしたらもう女じゃないよね。」……
Ｅ「もう来年なるかもしれないし、明日なるかもしれないし、女を捨てたときがオバさん。年の問題じゃなくて、気持ちの問題。」
Ａ「なってるっぽい。楽しいことがない。」

（化粧文化編集部 2000, p.59）

この会話には、からだを作る気持ちをもつ女としての現在／化粧もせず女を捨てたオバさんとしての未来、という2極に分節された身体の時間が提示されている。《大人》への〈移行〉を迫られていると感じつつも、その未来にはステレオタイプでネガティヴな像しか見あたらない。そこで「ガングロ」という意図的なからだの変化に、自分らしさを見つけようというポジティヴな意味づけを与えるものの、それは落ち着く前の《飽きたら変える》未定形でしかなく、質的な飛躍へのきっかけにはならないことを本人たちも感じている。〈移行〉の要件を満たさないこのようなからだの作り方は、未来の身体への希求を見失うなかで、目前の不安を避ける手段として選択される変化ととらえることができるだろう。

変化から安定へ――共同性と制度化

これまで述べてきたように、「生の不安」と身体の変化は相互に深く結びついている。思春期の成長に伴うからだの急激な変化、たとえば自己の希求にかかわりなくおとずれる声変わりや初潮が引き起こしたとまどいや面映ゆさは、多くの人が記憶していることだろう。病気にかかったからだの不確定性に対する不安は言うまでもない。からだとこころの変化の度合いは必ずしも一致するわけではないが、身体が生の不安と関係づけてとらえられるとき、私たちはこれを放置できない。

多くの共同体では、成員個々に共通して強い懼れを引き起こすとみなされたからだの生理的変化、妊娠と出産、思春期における生物学的性差の徴し、病いや死といったものに、制度的な対処方法を用意してきた。これに関連して、人類学者のアルノルト・ファン・ヘネップは、年齢、身分、状態、場所などの変化、移行に伴う一連の方法を、通過儀礼と名づけた（van Gennep 1909）[5]。伝統的社会では、特に成人として集団に加入する儀礼において、身体変工・彩色、特別な装身、苦痛、儀礼的死や行動の逸脱などにより、その変化や移行を過剰なまで身体的に演出することが知られている。

共同性をもつ身体の変化の制度的演出は、現代においても失われてはいない。都市部で見かけるリクルート活動中の大学生は、奔放な茶髪をこざっぱりとした髪型に戻し、申し合わせたように黒や濃紺色の地味なスーツを着ている。リクルート中の身体が示す共同性は、その視覚的な表層のみが重要なわけではない。面接という場において期待され、本人も心がける身体とは、学生らしくもありまた社会人への十分な適応性を示す、過渡期にふさわしい言動にその核心がある。それは、「不採用」という不安におちいることのないように、身につけなければならない規範である。

変化への有効な対処方法として身体への働きかけが制度化されている以上、時には変化する主体の希求とかかわりなく、共同性の実現がはかられる場合もある。カラハリ狩猟採集民グウィを調査する菅原は、離乳という「乳を吸うことなど忘れてしまった」身体への改変過程をめぐる考察のなかで、《制度化された身体》の三つの特質を抽出している。

> 第一は、未分化な身体とくっきりと分節化した社会的な身体の鋳型に流し込む〈権力〉が存在するということ……第二は、ある相互行為に参加するかどうかについて、社会の成員が完全に均一化されるということ……第三は、その行動レパートリーに関与したり、しなかったりすることに、はっきりとした理由づけがイデオロギーとして付与されるということである。
>
> （菅原 1993: p.194）

グウィの離乳では、濃密な接触を求める幼児を、「妊娠した母親の乳の毒性」という理由により、例外なく乳房から排除する。それが生理的機能にもとづく要請であったとしても、幼児は《強固な制度化》のもとで変化を強いられる身体となる。これに対して、第二の特質に関して社会の成員によって大きな個人差がある「エチケット」のような身体の成形過程を、菅原は《ゆるやかな制度化》と呼んでいる。

では、前節でふれた美容整形のように、あえて身体を〈移行〉させることで個人的な生の不安を解消しようとする過程は、《制度化》とは無関係なものなのであろうか。失恋のショックからダイエットを始めたという経験に注目してみると、《別れたあとにも会っていた彼に、「やせたね」ってほめられた……実際やせてみると、いいことっていっぱいある》（浅野 1996, p.67）とその成果が語られる。《いいこと》とは、周囲の評価や、サイズが合わず苦労していた洋服の選択肢が広がるなどの社会的報酬である。このCさんは「やせ願望」に批判的であったにもかかわらず、失恋後の不安のなかで萌した《希望が何でもかないそう》な女性への希求から、やせたからだに変化することをその対処方法として選んでいく。そこに錯覚や矛盾を指摘することは容易である。しかしながら《[社会的] 価値観自体を変えないと……おかしいんだってことにあまり気づかない……「だって実際にそうなんだもん」》という話者の反論は、「スリムは美しい」という現代の価値観が、すでに《ゆるやかな制度》となっていることを浮き彫りにしている。からだを作り変え、新たな身体の共同性を社会的報酬により保証されることで生じる喜びのリアリティは、批判的な意味づけを越えて強固であることを否定できない。

身体の〈移行〉が共同性のなかで行われること、変化した身体を確認し合うこと、そしてその身体になじむことの三つの過程は、生の様式に再び安定をもたらそうとする基本的な営みなのである。[6] そしてそれは、ことばによる概念の伝達――たとえば「大人としてのルールの言い渡し」――に多くを依拠するのではなく、むしろ、からだへの直接的な働きかけを不可欠な要素とすることで、「質的な飛躍」という〈移行〉の要件を実感させていくプロセスをとっている。昨今、荒れる成人式が問題となっているが、日常の生活に無縁な政治家や有名人の講演を聴くよりも、振り袖やスーツを着た姿を友人同士で確認し合うほうが、より本質的に重要であることを新成人は知っているのかもしれない。

見ること／見せること

他者の身体へのまなざし――共同性の根源

身体の安定が共同性に由来するならば、そこからはずれることは生の不安につながる場合がある。たとえば前述のCさんは、母親の経営するO脚・X脚矯正の店で働き始めたことが、ダイエットの伏線になっている。来店する多くの客は、自らの容姿や体重に対してこだわりが強く、しばしばそれに言及していく。そのためCさんは、《そんなにふとっていないのに、みんな自分のことをふとってると思ってる。本人は自分たちのことを言ってるけど、間接的に自分がみにくいと思えてくる》（浅野1996, p.66）ようになる。この語りからは、女性たちの身体への強い価値づけが渦巻くローカルな社会に身をおき、自分よりやせている現実のからだを繰り返し「見る」ことで、「やせ願望」に批判的であったそれまでとは異なる共同性を次第に内面化していった様子がうかがえる。

《身体はそもそも他の身体と出会うことを当然のこととして予定している》と考える浜田寿美男によれば、他者と出会う身体に生じる心性は、生来的に〈個別性―共同性〉を併せ持つ両義的なものであるという。そこには、スプーンで食べ物を与えようとする親と乳児の間に起こる口開けの「共鳴動作（反響模倣）」などを例にとりながら、身体の「本源的共同性」が仮定されている（浜田 1999, pp.93-135）[7]。一般には、ピアジェの「脱中心化」に代表されるように、相互的関係性は二次的に獲得されるというイメージがあるが、この章で述べてきたような身体のあり方を理解するにあたって、浜田の構図は魅力的である。また、しぐさの社会的・文化的コンテクストを分析する野村雅一は、子どもが好んで行う物まねに注目する。つられて走り出す、ピョンピョン跳び合うなど、「見る」ことが瞬時に「見せる」ことに転じるような、一見、無目的で非定型な模倣動作を繰り返しながら子ども同士は遊んでいる。親しい成人同士が動作の形・リズムや表情をシンクロナイズさせる「姿勢反響」と同様に、身体による模倣表現は《社会的結合の成立そのものを再演して確認する形式》と位置づけられている（野村 1996, pp.140-143）。

このような他者知覚のあり方が自己の身体を作る基盤になるとすれば、より広範な共同性を内面化する過程は、必ずしもモースが言うようにしつけや教育などの《制度化された身体》への働きかけにあるわけではない。それは、自発／強制、干渉／不干渉といった対他関係における意志の二分法とは異なる次元で、他者とともにある状況に身を浸し共振する身体の経験の蓄積である。対面相互行為のなかで、私たちは否応なく他者の身体に注意を惹きつけられ、その視覚像は、意識的な行為のモニタリングやその場のコンテクストすら超えて、見る主体に何らかの影響を与える。それが共振を呼び起こすとき、「見る」対象――他者の身体――は、「見せる」もの――自己の身体――のうちに自然に取り込まれ、内面化されていくのではないだろうか。

いったん内面化された身体の共同性は、その規範を逸脱しない限り、あまり意識されることはない。ところが、生の不安が自己の身体と結びついて意識されると、それは再び鋭く対照されるようになる。自身のトランス・ジェンダー経験を分析した蔦森樹は、以前のように男としての意識が自明でなくなった段階で「中間の性」としての存在を思い描こうとしたところ、《身体のディテールが感覚的に描けなくなった》と述べている。この興味深い例によれば、共同性をもたない身体という状況においては、自己の《輪郭》すらぼやけてしまうのである。結果として蔦森は、服装にはじまり、皮膚・筋肉の動かし方、感情や反応を含んだ日常の細部まで、「女」としての共同性にもとづき意識的に身体を再ジェンダー化していくことになる（蔦森 1995, pp.138-139）。また、多くの美容整形経験者は、不満だと思う部分にスポットライトを当て、常に他者の外見と比較することで自らの身体を審査し、その劣等感を手術動機としてあげるという。「美しくなりたい」ではなく「普通になりたいだけ」[8]と訴えるケースも少なくない（川添 2001）。これら、ディテールへの過剰なこだわりをもつ模倣の欲望は、他者との見る／見せるという相互行為のなかで内面化した共同性が、自身の身体を「見る」ことへと反転した視線のうちで作用する過程から生じるのである。

自己の身体へのまなざし――作ることのアンビバレンス

自己の身体へ反転した「見る」と、他者の視線への意識「見せる」は、一筋縄ではいかない錯綜した関係を示す。たとえば女性にとっての化粧は、その行為そのものが悦びとなる時もあれば、外出前の義務としか感じられないこともある。フィットネスやダイエットは、「キレイ」で「健康」なからだへの欲望を解放する手段であるとともに、他者が送り出したイメージへ自らをはめ込むことであり、時にはからだそのものを損ないさえする。恐ろしいほどの痛みを越えて念願の刺青を入れれば、周囲の目を気にして生きていかなければならない。身体を作ろうとする欲望が他者の視線と出会うとき、双方は個人の中で両価的に揺れ動くものとなるのである。

自己の身体を「見る」ことのエネルギーは、往々にして変化を施そうとするからだの特定部分に対する感覚に凝集していく。それは、フェティシズムや羞恥心の原点でもある。たとえば、洋風の刺青であるタトゥーの経験者のほとんどは、《なぜ、こんなに痛いのにやっているのか》と思いながら、二つ目、三つ目の施術へと止まらずに向かう。現代日本におけるタトゥーは、マイノリティとして「喜びとともに親に対する背徳感を感じる」ような危うい共同性のうえに成立する身体の〈移行〉である。それでもタトゥーを入れる理由には、各々が違うようでいて《自分を解き放ってみたい、自分の自由な意志を発動させてみたい。変えて自分を確かめたい》（斎藤 1999, p.172）という共通項があるという[9]。

この「エスカレーション」という感覚は、身体を作る多くの場面において生じるようである。たとえば、美容整形により「世界の変貌」を経験した人も、その後の経過は一様ではない。整鼻術を受けた男性は《本当に自尊心がなかったんだなぁと思》いながら、人間関係の問題のすべてを鼻の形態に帰していた自分をふり返り、また、乳房再建手術を受けさらに豊胸を希望していた女性は、時間の経過とともに自らの胸や他の部位を愛おしむ感覚が生まれ、新たな手術を思いとどまった。からだのコンプレックスの克服が、積極性、解放感、他者への優しさなどを生み出すという話はよく耳にする。ところが、陥没乳頭の手術を受けその成功を喜んでいた女性は、しばらくすると雑誌のヌード写真との比較から自分の乳頭の大きさに不満をもち始め、また、豊胸手術を受けた女性は、新たにしわ取りを希望するようになった。川添は、エスカレートする心境を次のように分析している。

標準値や理想像で「普通」を実体化し、厳しいまなざしで追い求めるならば、まだ普通でないという思いが募ってきたり、いったんは満足してもまた不満になる可能性が高い。長い間外見を我慢してきた人が、外見は変えられるということを経験する。それによって、さらなる変化への欲望が刺激される。「普通」になろうと思って美容外科手術を受けることが、「ワンランク上の普通」への欲求を生むのである。それは新たなる劣等感の誕生でもある。

（川添 2001, p.70）

このような際限ない欲求の拡大は、もはや「世界の変貌」を保証しない。他者の視線を気にし、その共同性を過剰に取り入れようとすることで、内面にきわめて主観的な「私化された他者（歪んだ鏡）」が仮構されていく。その結果、身体は常に自己点検される存在となり、現実の他者との相互作用や、共振する経験から遮断されてしまう。自身へと反転した「見る」視線により作られるからだは、理想的イメージを追い求める鏡像的な身体となるのである。

キレイ、若々しさ、セクシー、上品さ、健康……など、マス＝メディアによるからだの情報が氾濫する現代社会においては、生身の他者との相互関係によらない身体の共同性が内面化されるようになってきている。映像のなかのモデルのからだや既製服の均一なサイズが「見えないコルセット」としてはたらき続けるなかで、私たちは、衣服を身体に合わせるというより、むしろ自分自身のからだを変化させてモードという鋳型に合わせようとする（鷲田 1989, 1998）。なぜなら、テクノロジーの急速な発達が、今までは不可能だったトレーニングや美容術、食事制限や整形手術などの方法で、身体の変化に対する計画的な管理のプログラムを与えるからである。それは自己責任にもとづく「選択可能」なかたちで呈示されるが、ファッションや健康のために絶えず数量化された身体を把握することが要求されている以上、私たちがそれに無縁でいることは至難と言えよう。

身体を作ることの位相

メルロ＝ポンティに始まる現象学的な身体論は、共著者の佐々木正人が以前に指摘したとおり、「俗流身体論」の流行によって脱色され疲弊している（佐々木 1987）。はたしてこの章が「俗流」を逃れえたかどうかは読者の判断に委ねるほかはないが、締めくくりにあたり、自身の経験に根ざし「病

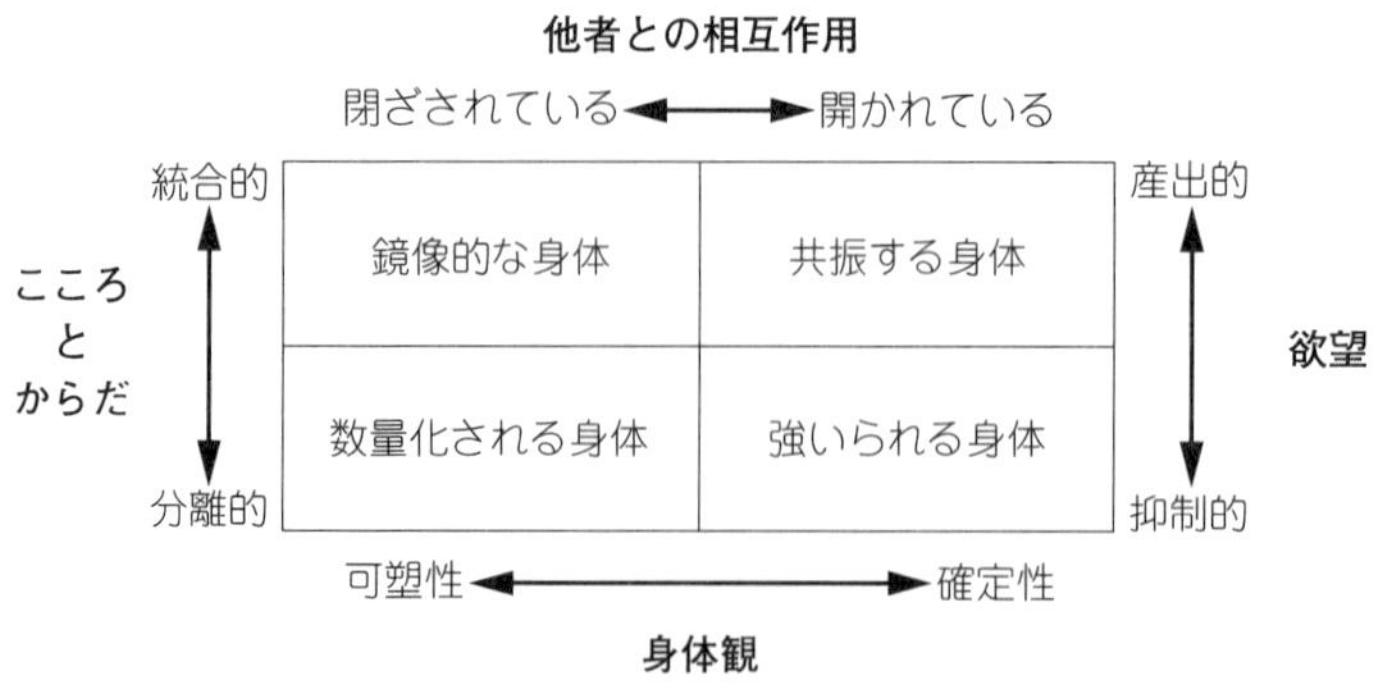

図6-1　身体の4象限

いの物語」を分析するアーサー・W・フランクが提示する身体の理念型[10]（Frank 1995）に着想を得たうえで、これまで述べてきた身体を作ることの諸相を整理しておこう。

四つの象限

現代社会における身体の作り方を考える場合、以下の四つの象限に分けてとらえることで、その特徴がより明瞭になる（図6-1）。各象限の縦軸は主体の欲望の強弱によって、横軸は現実の他者との相互作用の強弱によって設定される。同時に、縦軸はこころとからだが統合的であるか分離的であるかの指標に、また横軸は、身体のありようが確定性をおび斉一的であるか、物象化された可塑性をおび個別的であるかの指標になりうる。

右上の第1象限に位置する「共振する身体」は、身体の〈移行〉にあたって最も安定的なもので、子どもの物まね、通常の化粧、リクルート活動、諸々の身体技法など、私たちが身体を作る際にみられる一般的な規範の「型」へなじんでいく状態である。第2象限の「強いられる身体」は、自己の希求にかかわりなく身体の〈移行〉が行われるが、現実の他者との間に共同性が成立しているもので、離乳や古くは受刑者の入墨などがこれにあたる。第3象限の「数量化される身体」は、管理的なテクノロジーにより可塑的・操作的となったもので、たとえば健康という名のもとにある種の抑制を伴うという点からすれば、フィットネスや疾病治療などがその典型である。ダイエットなどもここに含まれる要素をもつ。第4象限にあたる「鏡像的な身体」は、きわめて個別化された欲望が産出する場となるもので、エスカレートする美容整形やダイエットがこれにあたる。刺青（タトゥー）は、その共同性が限定的な広がりしかもたないという点で、この象限と第1象限の境界に位置することになるだろうか。

ただし、この種の図式は《経験的傾向を記述するために考案された理論上の構築物にすぎない。実際の身体そのものは、理念型をそれぞれ特徴的な形で混合した姿を示す》（Frank 1995, p.52）とフランクが指摘しているとおり、あくまで多様な現実を整理するための便宜にすぎない。

身体の〈移行〉を見失った現代

身体はことばでは語らない。身体はからだの経験を通してのみ表現する。スポーツやものづくりにおける「わざ」は口では伝えられず、伝えようとしてもきわめて不十分なものでしかない。結局それは、自らの身体を次第になじませていく方法でしか得られないという私たちの実感は、まさに経験の本質がことばに置き換えられないものであることを示している。抽象的理解や意味といった概念操作においてすら身体経験がその中心的役割を果たすと主張する、マーク・ジョンソンのラディカルな議論（Johnson 1987）に倣えば、私たちは「経験」という問題を、言語のみならず基本的知覚、運動プログラム、情動、歴史、社会、そして時間などのさまざまな次元が関与する、より豊かで広いものとして捉えなおさなければならない。端的に言って本章は、身体を「作る」「見せる」というテーマにそってこの問題を論じてきたと言える。

身体の〈移行〉とは、人間が決して抗えないからだの変化と不確定性によって引き起こされる生の不安を、共同性と制度化の中で安定した経験へと変換する過程である。それは自己と他者の間における根源的な共振のもとに成立し、ことばに置き換えることが困難な直接体験によってのみ身体に質的な飛躍をもたらす。ところがその一方で、他者を「見る」ことで内面化された共同性をもとに、自分自身のからだを常に点検し、ことばにより意味づけてしまうのも人間である。世界の変貌をもたらす最も端的な可能性が身体の意図的な変化のうちにあることを知る私たちは、その意味づけにそって身体を「作る」欲望をもつ。しかしながら、ことばのもたらす意味は経験の本質を保証しない。したがって、現実の他者に自らを「見せる」という相互作用の中で生じる共同性が失われたとき、その体験は生の安定につながる基盤をもたないものとなっていくのである。

註

［1］ ここでは、メルロ＝ポンティの心身二元論克服への試み（Merleau-Ponty 1945）以降、国内で展開した現象学的な身体論（たとえば 市川 1984）で使用されてきたように、「身体」に心身の成層的な統合体

という意味をもたせる。これに対して、身体の外形や生理的機能など、モノ化された側面に焦点をあてて述べるときには、私たちが日常生活の中で使うように「からだ」を用いることとする。

[2] しかしながら、「文化の鋳型」をスタティックに抽出するだけの図式は、人々の意識や行為を過度に単純化し、ア・プリオリに措定した「伝統的な身体観」の中に回収しようとする「人類学的執着」であるとの批判（たとえば 池田 1999）がある。筆者も、その指摘は当を得た部分があると思う。少なくとも、諸々の儀礼、身体装飾・変工の事例が膨大に蓄積されたにもかかわらず、その経験者が身体感覚から効果を得る過程や、事後の内面の変化などに対する観察や検討は十分になされてこなかった（松井 1997）。

[3] 前節でも取り上げたように、このような身体の変化を「変身」と表現する研究者もいる。存在論としての「変身」をめぐる概念や諸相に関しては、宮原浩二郎・荻野昌弘らの考察（荻野 1997／宮原 1997）に詳しい。しかしながら筆者のいう身体の〈移行〉は、自己の確定性・同一性をまったく新しく構築し直そうとする過程であり、変化後の時間的持続性を重視する概念である。したがって、一時的な身体の不確定性に身体を投げ込むような経験、たとえば演技や音楽演奏への没入、祭礼における集合沸騰、コスチュームプレイやドラッグなどによる瞬時の変化を含む広義の「変身」とはこれを区別したい。

[4] 〈移行〉志向、非〈移行〉志向の年齢による分岐点に注目すると、ポーラ文化研究所が3年ごとに実施する「おしゃれ白書」における、ピアス着用についての調査が興味深い。全体として確実にピアッシング人口は増加しているものの、たとえば、１９９１年に20-24歳だった世代の10年後における装着率はほぼ変化していない。すなわち、ピアスをする／しないの選択は、20代前半までにほぼ決定されている可能性が高い。村澤はこの現象を、「おしゃれ観は10代から20代に形成され、その後はそれほど大きく変化しない」という一般論と結びつけて分析している（村澤 2002）。

[5] A・v・ヘネップは、生理的成熟期と社会的成熟期を峻別し、たとえば前者と割礼の関係を否定し

て、身体変工を終身的な集団の目印と位置づけている。しかしながらこの峻別は、「自然／文化」の二元論的区分を強調しすぎるように思う。伝統的な身体変工の多くが成人以前または成人儀礼を機に行われることを考えれば、生理的成熟という基盤からそのすべてを切り離してとらえる根拠は見出しにくい。

［6］ここでは、身体の共同性や規範に関する政治性の問題化（たとえば、ジェンダー論）が求められるだろうが、この章では論旨と紙数の関係から深く立ち入らない。確認すべきことは、私たちは「社会人らしさ」「男／女らしさ」「魅力的」といった無数の規範を内面化していて、多くの場面においては、その規範を強制と感じるよりも当然として受け入れ、自他ともにそれを分有することで生の安定を感じるという身体の実感である。

［7］本源的共同性は、さらに現実の中で、相互に相手と同じ型をとる「同型性」と、能動と受動をやりとりする「相補性」という具体的現象として現れるとされる。

［8］日本の美容整形においては、「人並み」になりたいという指向や、22歳以下の施術者が多いことなどが、アメリカの整形事情との比較から指摘されている（柴田 1998）。

［9］斎藤は、彫師が客からとったアンケートの内容を紹介している。特に注目されるのは「作る」欲望が芽生える年齢で、刺青に関心をもった年齢は13～18歳で71％を占め、また施術年齢のピークが19～25歳に集中する点も含めて、前述のピアッシングにみるデータとほぼ一致している。

［10］フランクは、身体に関する一般的な問題として「統制」「身体とのかかわり」「他者とのかかわり」「欲望」の四つを提示し、それぞれの度合いを座標軸として四つの《理念型的な身体像》を図化している。それは、「支配する身体（力）」「伝達する身体（承認）」「鏡像的身体（消費）」「規律化された身体（管理）」である。

コラム4 乳房をもつ身体

女性はその人生の中で、身体的成長や疾病、老化などに加えて初経から閉経にいたるまでの周期的な身体のリズム、さらに妊娠、出産、授乳など、身体にかかわるさまざまな経験をもつ。いったい、女性の発達にとって身体とは何なのであろうか。女性の身体部位としての「乳房」に焦点を当てて考えてみたい。

小さいころ太っていて、小学校のころ、サスペンダーがまっすぐならなくて……ムネが大きいことがコンプレックスでした。20歳ぐらいになって少しからだをこわしてやせたので、人並みになってよかったと思いましたね。ムネのかたちを気にしていました。
（妊娠中）出産したら母のからだになるのだろうなって。ムネって男の人のためにあるじゃないですか。でも子どものものになるだろうなあと、気持ち的に興味はありました。
（授乳するようになって）授乳用のブラをしているから上から見ると大きく見えるんですが、ブラをとったら形がくずれているのを実感しました。でもいやではなかったです。そんなことにかまっていられないという感じですね。（後略）

これは第一子出産後の女性を対象にした、乳房に関する感情経験についてのインタビュー調査（未発表）の中のYさん（33歳）による語りである。アメリカ女性の思春期における乳房に関する感情経験の回想的語りを分析したリーは、その多くが男性の視線への屈従と抵抗のプロセスを共有しており、その意味で決して〈イノセント〉ではないことを強調している（Lee 1997）。「ムネが大きいことがコンプレックスだった」というYさんの場合も、思春期前後にかけて否定的な自己身体意識をもつようになっていたことが示唆される。

「乳房は誰のものか」という疑問から西洋社会における乳房の文化史を読み解いたヤーロムは、子の命を養う乳汁を分泌する聖なるオーラを放つ乳房、性的興奮をそそるエロティックな肉体の一部としての乳房、自由と平等のシンボルとしての政治的な乳房、個人の深層心理に潜む感情の根源としての精神分析学的乳房、商品化される乳房など、解剖学的事実としての乳房ではなく、主として男性によって文化的社会的歴史的に構築された身体部分としての「乳房」の意味的多様性を明らかにしている（Yalom 1998）。「ムネって男の人のためにある」というYさんの乳房観もまた、現代日本社会における客体としての「乳房」に関する、一つの意味の表出として解釈される。

しかし妊娠・出産によって、「でも子どものものになる」という、Yさんの乳房観の変容が見られることが注目される。これは、内的なホルモン状態の変化にもとづくという医学的身体観や（母）親による子への投資という生物学的説明を引き出す。また、「母性」という内面化された社会文化的規範の表出であるという解釈も成り立つ。おそらくそれらすべてが統合されたものとして形成された乳房観であろう。いずれにせよそれは、「（授乳するようになって）形がくずれているのを実感した」「でもいやではなかった」という否定的でない身体意識への変容につながっていくプロセスとしてとらえることができる。

鈴木（1999）はカウンセリングの現場から、女性がその人生においてさまざまな身体にかかわる出来事に出会う中で、周囲から与えられてきた、また、与えられつつある身体観を、時に実感し時に増幅させ、時に捨象、変更していくことを報告している。Yさんに見られた乳房観の変容も、妊娠・出産・授乳という経験を通して自己の肯定的身体観を構築する作業なのであろう。それはまた、「そんなことにかまっていられない」と感じる、〝自分であること〟へのプロセスとして理解することができるのではないか。

発達における身体の問題は、抽象化された身体一般のみならず、「性によってしるしづけられた身体」（荻野 2002）を生きていることへのまなざしを欠落させることはできない。

7章 触れる・離れる

はじめに

育児はお互いの身体性を強く感じる営みであると言える。たとえば妊娠はその大きなひとつである。妊婦は自分の身体の変化や胎児の動きによってその身体性を強く意識する（胎動と身体の関係についてはコラム5、156ページ参照）。しかし育児の場面で身体性を感じることは難しくなっていくのかもしれない。たとえば出産は、妊娠に続いて身体を強く感じる機会であると考えられるが、最近は出産のほとんどが病院などの施設で行われるようになり（船橋 1994）、「無痛分娩」という出産方法までとられるようになった。〝出産〟という場面をとってみても育児の場面でお互いの身体性を感じる機会が少なくなっていることがうかがえる。この章では、育児における身体性の一側面として〈触れる〉、〈離れる〉について注目し、それらが育児や親子関係の文脈でどのように機能しているのかについて考えていきたい。

　まずそれぞれのことばのもつ意味について考える。触（ふ）れる、あるいは触（さわ）る以外の五感を表すことば〈見る、聞く、嗅ぐ、味わう〉は、いずれも対象を表す助詞として「を」をとり、主体と客体との関係がはっきりしている（たとえば、見るものと見られるものというように）。一方触れるは「を」をとらず、「に」をとる。つまり他の四つの感覚とは異なり主体と客体の関係がはっきりしておらず、相互性を表している（以上坂部 1983 より）。〈触（れ）る〉ということについて考えるとき、その意味に多分に相互性が含まれていることは忘れることはできない。では、〈離れる〉はどうだろうか。〈離れる〉と〈触れる〉は単純に行為としては逆のことを表している、対立的であると考えられそうだが、はたしてそうだろうか。

　親子関係の文脈に目を向けてみると、〈触れる〉とは、スキンシップということばで表現されるように、親と子（の身体）がお互いに触れる（触れ合う）ことであり、〈離れる〉とは（親子の）分離ということばで表現されるように、お互い（の身体）から離れることを意味している。親子関係は本来親和的であると同時に反発的な関係であり（根ヶ山 1995）、〈触れる〉と〈離れる〉が単純にそれぞれが親和的であるとか、反発的であるということはできないが、ダイナミックな親子関係を考えるうえで重要な概念である。

　従来の親子関係に関する心理学の研究のなかでは、〈触れる〉ことや〈離れる〉ことはどのようにとらえられてきたのだろうか。クラウスとケネル（Klaus & Kennell 1982）は、出生直後の母子（の身体的）接触がホルモンの分泌を含めて母子の互恵的な相互作用をうながし、親子関係のきずなを形成するうえで重要な役割を果たしていることを指摘したが、同時にそのような接触を困難にする母子分離は子どもの発達に悪影響を及ぼすという誤解を招いてきた（橋本 1999）。〈触れる〉ことや〈離れる〉ことはその一面（触れることはポジティヴ、離れることはネガティヴというように）にしか焦点が当てられていなかったように思われる。しかし両者にはそれ以外の側面もあるのではないだろうか。

本章では親と子、お互いの身体を基盤とした〈触れる〉〈離れる〉という行為が、親と子の発達のプロセスの中でどのような働きをしているのか、どのような意味をもっているのかについて、乳幼児期を中心に考えていきたい。

触れることの意味

触れることのプラスとマイナス

ぐにゃぐにゃの赤ん坊を触れるのはこんなときしかない（石坂 1993）

生まれたての赤ん坊は、ふかしたてのまんじゅうよりほにゃほにゃで、片手の手のひらだってしっくりとおさまる（まつい 1994）

生まれたての赤ん坊は大人が〈触れる〉ことをアフォード（佐々木 1994）しているようだ。子ども特有の身体的特徴（かわいらしさ）が大人の世話を引き出すことはよく知られているが、子どもが泣いたり、ぐずったりすると、それをなだめるために親は子どもの身体をさすったり、抱いたりする。乳児期の子どもにとって親からの身体接触は自然の鎮痛剤のような役割を果たしており（鈴木 1995）、乳児がストレスフルな状態におかれているとき、母親が触ることによって、乳児のストレスは減少する（Stack & Muir 1992）。また母子相互作用において、触る、見る、聞くという感覚の役割を検討した研究によれば、母親の接触を感じるだけの条件では、ノーマルな相互作用の条件や母親の顔だけが見えている条件よりも泣いたり、むずかったりすることが少なく、モノへの注意を喚起するという（Tronick 1995）。親が子どもの身体に〈触れる〉ことは子どものストレスフルな状態を緩和する働きがあることが分かる。

しかし〈触れる〉ことが常にポジティヴな役割を果たしているとは言えない。触れることが不快に感じることもある。以下は子どもの行動を不快に感じる（イヤになる）とき（菅野 2001）についての母親の語りである。

こう近づいてべたべたしてくる時にこうやだなって思っちゃうんですよね。決して嫌いじゃないんですけど、なんかこうまとわりついてくるとやめてよーっていう感じになっちゃうんですよね。（5歳女児の母）

未だになんかまだ甘えたい、こう欲求が収まっていない感じがするので、でもいまさら抱っこって言うのも気持ちが悪い感じがあるのでできないんですけども。（7歳女児の母）

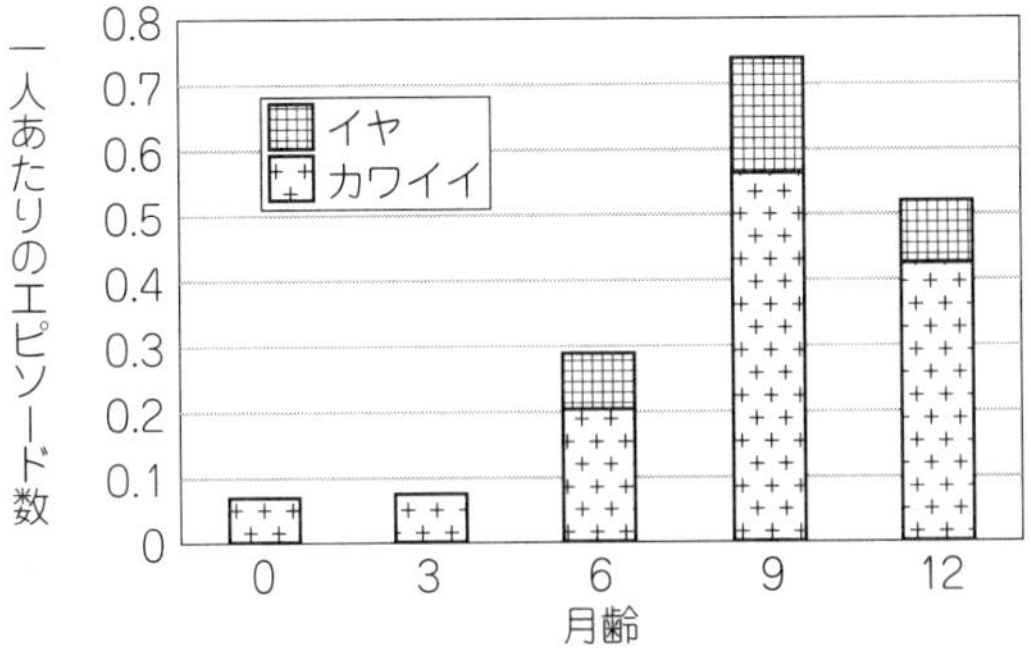

図7-1　愛着行動のとらえられ方の変化

6ヶ月以降子どもの後追いなどをカワイイと感じると同時にイヤだと感じるようになる。

子どもがある程度大きくなったという認識をすると、親は子どもが自分に接触してくることを不快に感じる。初めは〈ふかしたてのまんじゅう〉のように感じられていた子どもの身体を気持ちが悪いと感じるようになるのである。子どもが母親に「べたべた」するような接近行動と反発性の重要性は、マーラーとラペリエール（Mahler & La Perriere 1965）やリート＝プローイとプローイ（Rijt-Plooij & Plooij 1993）などでも述べられている。子どもが0ヶ月の時から3ヶ月ごとに訪問し、育児のことなどについて母親に尋ねている縦断研究（菅野・岡本 2000）においても子どもが母親の後を追ったり接触を求めたりするような行動は、はじめは心地よいものとしてとらえられているのだが、6ヶ月を過ぎた頃からは不快でもあるととらえられてくるようになってくることが分かっている（図7-1）。実際に思春期になるまでの間に親から子どもへの接触は急激に減少する（鈴木・春木 1989）。これらのことは〈触れる〉ということのもつ意味が子どもの発達に伴い変化することを示している。

表 7 - 1　低出生体重児と親における関係性の発達モデル（橋本 1999より）

	ステージ0	ステージ1	ステージ2	ステージ3	ステージ4	ステージ5
関係の特性（親の児についての認知・解釈）	児に向き合えない	「生きている」存在であることに気づく	「反応しうる」存在であることに気づく	反応に意味を読み取る 肯定的 ｜ 否定的	「相互作用しうる」存在であることに気づく	互恵的（reciprocal）な相互作用の積み重ね
親のコメント	「これが私の赤ちゃん?」 「本当に生きられるのだろうか」 「見ているのがつらい、怖い」 「腫れ物に触るよう」 「将来どうなるのだろうか」 「かわいいとは思えない」 「これで人間になるのだろうか」 「夢であったらいいのに」	「生きていると思えた」 「がんばっているんだ」	「○○ちゃん」（そっと名を呼ぶ） 「お目め開けて」 「目が合う」 「側に立つと、目を開ける」 （児が）「じっと見ている」 「顔をしかめる」 「足を触ると動かす」	「呼ぶと、こちらを見る」 「帰ろうとすると泣く」 「手を握り返す」 - - - - - - - - 「触るといやがる」 「目を合わせようとすると、視線を避ける」	「本当に目が合う」 「泣いても、私が抱くと、泣きやむ」 「上手におっぱいを吸ってくれた」 「吸ってくれるとおっぱいが張る」 「眠ってくれないと、帰れない」	「顔を見て笑うようになった」 「お話をするんです」 （クーイング）

親の行動	接触	触れることができない	促されて触れる 指先で四肢をつつく	指先で四肢をなでる	掌で躯幹をなでる 頬や口の周りをつつく	掌で頭をぐるりとなでる 接触に抵抗がない	くすぐる 遊びの要素を持った接触
	声かけ	無言	（涙）	呼びかけ そっと静かな声	一方的な語りかけ 成人との会話の口調	対話の間を持つ語りかけ 高いピッチ	マザリーズ （母親語）
	注視	遠くから〈眺める〉	次第に顔を寄せる	児の視線をとらえようとする	児の表情を読み取ろうとする	見つめあう	あやす（と笑う）
児の状態・行動		（急性期）生命の危機 筋肉は弛緩し、動きがほとんどない	顔をしかめる ときどき目を開ける	持続的に目を開ける 四肢を動かす 泣く	眼球運動の開始（33週） 自発微笑の増加 呼びかけに四肢を動かす 声のほうへ目を向ける 差し出した指を握る 差し出した指を吸う 声をあげて泣く	18～30cmの正中線上で視線を合わせる（38週） 力強くおっぱいを吸う alertの時間が長くなる 語りかけに、動きを止めて目と目を合わせる	社会的微笑の出現（人の声に対して40～45～50週、人の顔に対して43～46週～漸増）

カンガルーケア・タッチケア

最近、周産期医療の場で親子の身体接触の重要性について注目されている。橋本（1999）は10組の母子への臨床的観察からＮＩＣＵ（新生児集中治療室）における親と子の関係性の発達過程について表７-１のようにまとめている。

早産の場合、子どもは生後すぐＮＩＣＵに入り、集中治療の対象となる。生まれた子どもはあまりに小さく周りにはたくさんの機械が取り付けられており、親はその状態を見て衝撃を受ける。表７-１でもステージ０やステージ１の段階では、子どもに触れることができなかったり触れたとしても指先でつつくのみで、お互いの身体が触れ合うことは少ない。カンガルーケアとは、子どもを母親の乳房の間に抱いて裸の皮膚と皮膚を接触させながら保育をする方法である。もともとは、極小低体重児を対象に新生児医療の設備が十分でなかった途上国で保育器保育に代わる方法として始められたが、先進国ではハイテクゆえに妨げられてしまう母子愛着過程を取り戻すための方法として位置づけられている。カンガルーケアの効果を検討した研究からは、子どもへの効果として、低体重児の生存率の増加（Bergman 1994）、体温維持（Ludington, et al. 2000）、呼吸・循環系が安定すること（堀内 1999）、さらにケア中は新生児の静睡眠が増加し（Messmer, et al. 1997）、NICU環境から受けるストレスを緩和する効果があること、母親への効果としては母親としての自信喪失や、早産となったことに対する罪責感や傷つきから解放されるとともに、自分の子どもであるという実感と自信を取り戻すことが明らかとなっている。左はカンガルーケアを体験した母親の感想である。

カンガルーケアをしたためでしょうか、子どもの状態も落ち着いたように見えます。気持ちよさそうに寝ている子どもを見て、親のほうもホッと安心感を覚えます。

カンガルー哺育をしたことで、子どもにとってもわたしにとっても大切な時間がもてたと思います。おなかの中にいられなかった分、今ゆったりとした気持ちでコミュニケーションしているようです。

（いずれも堀内 1999より）

タッチケアとは、子どもの身体を一定のやり方でマッサージをする方法で、カンガルーケア同様、NICUにおける子どもの発達をうながす支援として位置づけられており、その効果に関する研究も多くなされている。カンガルーケアやタッチケアなどのケアを行った場合と行わなかった場合に親の気持ち（育児に対する不安感など）に違いはあるのだろうか。母親のもつ不安は子どもの医学的状態や

母子分離と直接関係があるのではない（Feldman, et al. 1999）。カンガルーケアやタッチケアと母親の感じる不安との関連は、単純にケアを受けたことが不安の減少につながるというように考えないほうがいいのかもしれない。タッチケアやカンガルーケアは母親の不安（の減少）に直接関連しているのではなく、むしろ、不安を引き起こすような考えや子どものことを過度に心配したりすることを防ぐことができるのではないだろうか。表7-1を見るとステージの上昇に従い子どもに触れたり触れ合うことが多くなり、親のコメントに子どもの具体的な行動の記述が増えてくる。子どもとの接触が子どもを知る機会を増やし、それに伴い不安なども解消していくというプロセスがあるのではなかろうか。

どんなふうに触れるのか（触れるの別の諸相）

ここまでは単純に〈触れる〉という行為がどのよう

な意味をもっているのかを検討してきた。しかしひとくちに触れるといっても、その形態にはさまざまなものがあると考えられる。母親と生後6ヶ月の子どもとの相互作用の場面で、どんな種類の接触（touching）がなされるかを検討した研究（Tronick 1995）では、母親の接触にはさする、リズミカルに触れる、抱く、くすぐる、キス、突っつき、つねるといったものがあることが明らかになった。また接触のうちほとんどはさする、抱っこで、それらはポジティヴな情緒に関連していた。一方突っつきやつねりは、ネガティヴな情緒に関連することが考えられた。また抑うつ状態にある母親は、自分の乳児を、突っついたり、すばやく突き続けたりすることが分かっている（Cohn & Tronick 1989）。さらに養育者から粗雑な接触を多く受けることは、外在的（externalizing）な問題行動に関連するという報告（Weiss, et al. 2001）もあり、触り方によって親子関係での意味も変わってくることがうかがえる。しかし、親の攻撃行動が子の自立を促進するという報告（Trivers 1974）もあり、攻撃行動のような触れる行為が親子関係の中で必ずしもネガティヴな働きをしているとは言えない。

離れることの意味

離れることのプラスとマイナス

親子関係において〈離れる〉はじめの契機となるのは出産である。その後も〈離れる〉ことは子どもや母親にとって重要な役割を果たしていると思われる。母親と分離することで、子どもは外界との接触や探査の機会が増え、自立が達成される。母子関係における第二の分離の契機は6ヶ月頃現れる。子どもは生後6ヶ月前後から這うことで自らの力で移動するようになり、母親を安全の基地とした探索行動を行うようになる。一方母親にとって、子どもと離れることは「子どものことから解放され、自由になった」り、「預けることで気持ちの切り替えができ、リフレッシュした気持ちになった」りできる機会であると考えられている（柏木・蓮香 2000）。また母親に子育て支援として望むものを尋ねたところ、「預かる」が一番多く見られた（白坂・真栄城・繁多 2001）。また母親が子どもをかわいいと感じるのは、子どもが寝ているときや友達と遊んでいるときなど、母親と子どもが密着しているときだけでなく、両者の間に一定の距離があるときであることも考えられる（菅野 2000）。これらのことは子ども、母親の両者にとって〈離れる〉ことがプラスの役割を果たしていることを示している。

しかし、〈離れる〉ことがマイナスにはたらくこともある。母親から離れることは子どもが危険なものへ近づくことを意味している。親に抱かれていたのが自分で歩けるようになる3歳頃、事故や迷子が頻発する（根ヶ山 1999）。母親も子どもと離れることでリフレッシュできると思う反面、わが子が友達とうまくやっていけるか心配したり、離れることに対して罪悪感をもったりする（柏木・蓮香 2000）。このように親子関係の中には通常〈離れる〉という要素が多分に含まれており、それらにはプラスの側面とマイナスの側面があることが分かる。

次に親子関係の中に多分に含まれている〈離れる〉という文脈の中で、身体がどのように機能しているのかについて見ていく。ここでは離れる文脈として、就寝、第二子誕生について注目する。

就寝

根ヶ山（1995）によれば、母子分離の最大の契機が寝ることであるという。確かに子どもが就寝している間、親は自由になる。しかし、一方で寝るまでの間や子どもが寝ないことは親にとってかなりのストレスにもなる。就寝場面で身体はどのような役割を果たしているのだろうか。日・米・英・仏・中の育児書を比較した恒吉・ブーコック（1997）によれば、従来親と子の身体的分離を強調していた欧米でも親と子が身体的に触れ合うことが親と子の心身の糧になるという主張が見られるようになったが、就寝の場面に関しては、いまだに身体的分離の考え方に各国の差が見られるという。子どもが寝るときに一緒に自分も寄り添いながら寝る〈添い寝〉は、身体的な触れ合いの多いものである。添い寝は日本では肯定されているが、アメリカなどでは否定的にとらえられているのである。アメリカのある育児書には「われわれの社会のように、自立の育成を重視し、プライバシーを重視するところでは、添い寝は広範囲な問題（子どもが眠れない、夜の気ままな授乳によって歯並びが悪くなるなど）につながっていく」とするものさえあるという。ここで日本と欧米の文化差について、深く議論はしないが、このことから親子にとって非常に重要な問題である寝入りの場面で身体がどう機能しているかを考えることができる。日本では寝入りのときに添い寝をする。離れる要素の強い寝るという場面で、接触するという方略をとっているのである。お互いの身体に触れることで離れる契機を引き出していることになる。このことは〈触れる〉と〈離れる〉の関係を考える際重要な視点を提供していると思われる。

次子誕生による分離

3歳以下の子どもをもつ母親に一週間以上の分離の経験かあるかどうか、またその理由について尋ねたところ、理由として一番多かったのは次子の誕生による分離であった（繁多ら 2001）。第二子の誕生によって、第一子や母親の行動にどのような変化が見られるか検討した研究（小島ら 2000）では、第二子誕生1ヶ月にかけて、第一子は母親にくっつきたがったり、聞き分けのない行動をよくする、反面母親に対するいたわりも見られること、3ヶ月から6ヶ月にかけては母親から第一子を抱っこしたりすることが増える一方、第一子を叱ることは大きく増えることが明らかとなっている。ここでも先の就寝の場面と同様、触れることが離れる契機を引き出している。

おわりに

最後に親子関係における〈触れる〉〈離れる〉の関係を子どもの発達と関連付けて考えていく。図7-2に親子関係における触れると離れるの関係について示した。ここまで、両者はともにネガティヴな側面とポジティヴな側面があることについて述べてきた。〈触れる〉はお互いのストレスフルな状態を解消する機能があると考えられたが、子どもの年齢が上がるとネガティヴに感じられるようになっ

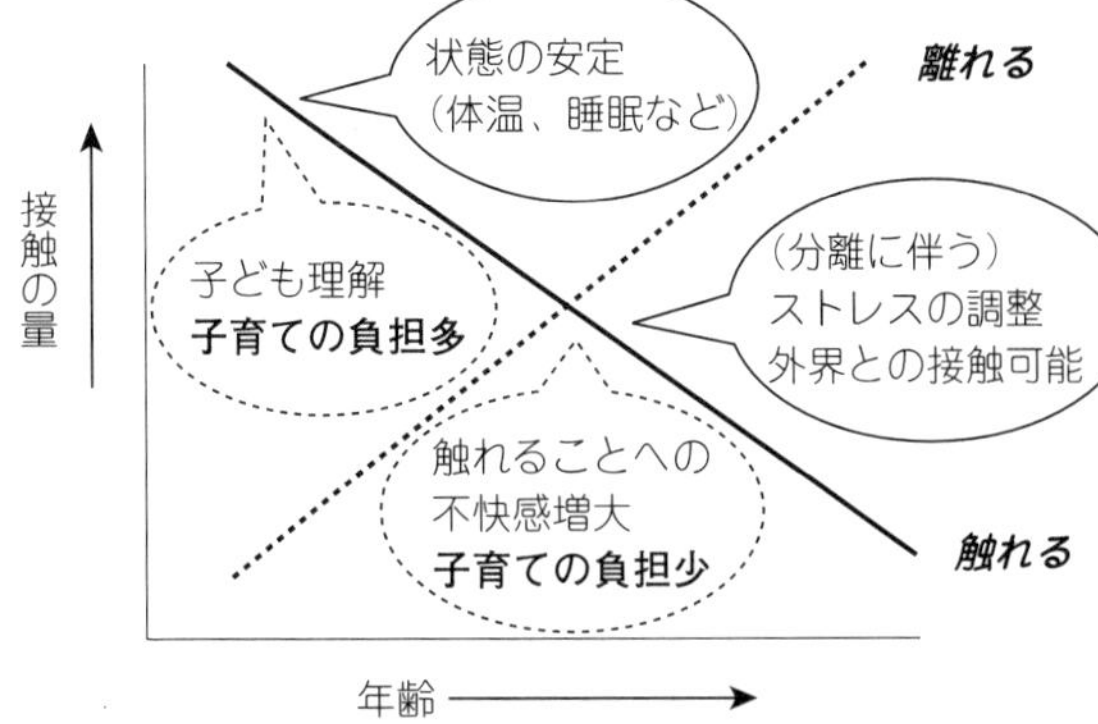

図7-2 親子関係における〈触れる〉と〈離れる〉の関係

月齢により触れることの意味（機能）が変化する。触れることは月齢と共に減少し、代わって離れることが多くなる。実線の吹き出しは子どもにとっての機能、点線は母親にとっての機能を示す。ここでは思春期くらいまでを目安に横軸をとっているが、接触量はずっと減りつづけるのではなく、子どもの出産や親の高齢化による介護などで接触が再度増えることも十分考えられる。

ていた。〈離れる〉ことで母子双方の自由度が増すが、子どもが危険にさらされることにもなった。触れることと離れることの関係を親子関係における親和性・反発性（根ヶ山 1995）と関連付けてみたい。親和性と反発性をもち合わせたダイナミックな関係は〈触れる〉ことと〈離れる〉ことの相補的な関係によって保たれているのではないだろうか。発達の初期の段階では、〈触れる〉ことが親和性を導き出すための役割を担い、子どもの発達に伴い、〈離れる〉ことがその役割を担うようになるのである。母親にとって〈触れる〉ことは子どもの理解を可能にするが、そのことは次第に反発的要素をもつようになり、〈離れる〉ことを望むようになる。子どもにとっては母親と〈触れる〉ことで自分の状態を安定させることができるが、離れることで外の世界に触れることが可能になる。親子関係における親和的・反発的要素は子どもの発達によって現れ方が変化する。その現れ方に身体が強く関連しているのだろう。〈触れる〉と〈離れる〉という視点は、親子関係に新たな知見を与えるかもしれない。

コラム5 胎動

もしかしてそうかしらと疑う程度の弱い小さな感触。虫とか、腸が一瞬ピクッと動いたような。
(妊娠16週)

これは、ある妊婦がはじめて胎動を感じたときの記録である。胎動とは、妊婦のおなかの中にいる胎児が行う運動のことである。胎児自身は、まだ胎芽と呼ばれている妊娠7週頃から、うごめくように運動を始める(多田 1992)が、その動きを妊婦が感じることができるのは、ある程度胎児が大きくなってからである。個人差は大きいが、妊娠16~20週頃と言われている。

ところで、妊婦は、胎動をどのようにとらえているのだろうか。上の例のように、はじめて胎動を感じたとき、胎動のことを〈胎児〉の動きとして、感じられることはほとんどないようである。胎動は、

〈虫〉や〈腸〉の動きであったり、さらに週齢が進んでからも、次の例のように、〈モグラ〉、〈魚〉などと語られている。

モグラが土の下を通ると土が盛り上がるように……。（妊娠26週）

グルグル。魚が泳いでいる感じ。（妊娠27週）

妊婦は、妊娠したからといって、おなかに赤ちゃんがいることを実感できるわけではなく、それどころか、胎動を感じ始めてからしばらくは、〈人間の赤ちゃん〉と思えないものなのである。では、妊婦は、いつごろから、胎動を〈胎児〉ととらえられるようになるのだろうか。筆者ら（岡本・菅野・根ヶ山 印刷中）は、妊娠期における、妊婦の胎動への意味づけの変化過程を検討するために調査を行った。初産妊婦に、胎動についての日記を書くことを依頼し、それらの日記を分析することで、二つのターニング・ポイントを見出した。

第一のターニング・ポイントは、妊娠29-30週頃であった。この時期、それまで多かった〈虫〉や〈モグラ〉など〈人間以外〉のイメージを語る日記が減少し、代わりに胎児の〈足〉を語る日記が増加した。

おなかの中で、足（?）で押されてる感じ。（妊娠29週）

足で4回蹴られました。（おなか）全体が動いた感じではなく、絶対、「足」だという気がしました。（妊娠29週）

そして、さらに興味深いことに、この時期、以下の例のように〈人間の赤ちゃん〉の実感を強く語る日記が数名の妊婦に見られた。

人間らしくなった！　本当に本当の赤ちゃんだ‼と実感。（妊娠28週）

〈人間の赤ちゃん〉の実感を語ったいずれの妊婦も、この実感に先だって、〈足〉のイメージを語っていた。この時期の、胎児の〈足〉というイメージは、〈足〉のついた身体全体のイメージを導き、さらに、身体を持つ人間の赤ちゃんという意味づけを促すのだろう。

第二のターニング・ポイントは、妊娠33-34週頃であった。この時期、日記で語られた胎児-妊婦関係が、対面的な二者関係から、夫や他の人や音といった第三者を介入した三項関係に変化した。これは、出産を目前にして、心理的な子別れの準備をしているのかもしれない。

以上のように、妊婦は、妊娠期間を通して、胎動への意味づけを変化させ、〈わが子〉のイメージを徐々に構成する。ここで、ひとつ思い起こしたいことは、妊婦の胎動のとらえ方は、すべてが妊婦の一方的な意味づけではないということである。胎動は、妊婦の意図とは関係なく生じるものであり、つまり、少なくとも意味づけの契機は、胎児自身の自発的な運動による。また、胎動は、妊婦にとって、まだ見たり抱いたりできない〈わが子〉を直接感じることのできる唯一のものでもある。その意味で、胎動を検討することは、妊娠期の親へのプロセスや母子関係について、大きな示唆を与えうると言えるだろう。

8章 匂う

はじめに

ヒトの脳機能は出生時にはまだ未成熟で、生後、五感を介して取り入れた情報によって完成されていく。そのため、ヒトの脳機能の発達には遺伝子にプログラムされた情報よりも、五感を通して得られる情報が重要である。本章では、五感の中でも特に嗅覚を介したヒトとヒトの情報のやりとり（コミュニケーション）について、発達という時間軸に沿って述べていきたい。

一般的に、五感の中で一つだけ失わなければならないとしたら、多くの人は嗅覚を選ぶのではないだろうか。また、これに対し、最も失いたくない五感と言えば、視覚あるいは聴覚と答える人が大半であろう。現代社会では、テレビやインターネット等の視覚的・聴覚的メディアがあふれているので、自ずと視覚・聴覚こそが最も重要な感覚であると認識してしまいがちである。では、人々の評価が最も低いことが懸念される嗅覚は、はたして本当にヒトの発達に必要のない感覚なのであろうか。

私たちは無意識ながらも数え切れないほどの匂いに囲まれた日常生活を送っている。自然の匂いとしては、海辺の潮臭さ、山の木々の青々しい匂い、運動場の乾いた土埃の匂いや、雨が降ってきたときの湿った土の匂い。人工的な匂いとしては、アスファルトや車の排気ガスの匂い、ゴム製品の匂い、鉄鋼場の錆びついた金属の匂い、シャンプー、化粧品の匂い。そして、生物的な匂いとして感じられるものには、昆虫の匂いや、魚をさばくときの生臭さ、動物園の糞尿の匂いにまみれたような動物臭などがある。さらにヒトに関するものであれば、尿、糞便、屁、汗等の悪臭から、乳児や幼児の匂い、男臭さ、女性特有の匂い、加齢臭、他人の家に入った瞬間に感じる匂い、等が挙げられる。

このように自分の身の回りの匂いを改めて考えてみると、そのバラエティーの豊富さに驚く。では、これらの匂いには、「いい匂い」、「臭い匂い」という情報しか含まれていないのであろうか。また、「匂う」という行為はどのような脳内メカニズムによってもたらされているのであろうか。まずは、嗅覚の脳内メカニズムについて述べる。

嗅覚の科学

主嗅覚系

私たちが匂いを知覚するには、主嗅覚系という感覚器 - 脳システムが必要である。主嗅覚系とは、揮発性の匂い分子を知覚し、情報処理を行うシステムである（Firestein 2001／梳 1998／庄司 2001）。匂い分子は呼吸によって取り込まれた空気と共に鼻孔を通り、鼻の奥に存在する嗅上皮という部位にまで到達する。嗅上皮上には匂い分子それぞれに対応する嗅覚受容体が分布し、数万種類とも言われる匂い分子の認識を行う。そこで、匂い分子の化学情報は電気信号へと変換され、脳内主嗅球へ伝えられた後、大脳に到達する。

大脳は大脳新皮質と大脳辺縁系とに大別される（田中 1998）。大脳新皮質は、一般的に知的機能を果たす脳であると言われており、人類が他の哺乳類よりも知能が発達しているのは、この大脳新皮質が発達しているためである。ちなみに視覚・聴覚は、この大脳新皮質と密接な関係をもつ感覚であり、現代社会において、より「巧妙」に生きるための感覚としては重要ではあるが、後述のように、より「たくましく」生きるためには必ずしも必要な感覚ではない。

大脳辺縁系というのは、大脳の中で最も原始的な部分であり、生物の進化上最も歴史が古く、生存するためには欠くことのできない脳である。というのは、この大脳辺縁系は情動や記憶という機能をもつことに加え、本能やホルモン分泌を司る中枢である視床下部と密接な関係を有しているからである。嗅覚はこの大脳辺縁系と密接な関係をもっているため、より「たくましく」生きるためには必要な感覚と考えられるのである。交通事故で嗅覚を失った作家が次のように語っている（鈴木 2002）。

匂いのない世界は実に味気ない。なにより食欲が減退したのには驚きました。（中略）あの高価な松茸もゴムをかむのと同じ。さらに意外だったのは性欲の衰えでした。女性の髪の匂い、化粧の匂い、肌から上る匂い。どれも男を駆り立てるというのに、私にはまったく無意味な「物」になりました。

人類はさまざまなテクノロジーを手に入れ、コミュニケーション手段も大きく様変わりした。e-メール、携帯電話を介して、いつ、どこでも、視覚的・聴覚的コミュニケーションが行えるようなった。しかし、こうしたハイテクを介した無機的な関係がわれわれの生活の多くを占めていく中で、人間同士の息の触れ合う距離でのコミュニケーションや、自然との対話ともいうべき生命(自然)と生命(ヒト)を結ぶコミュニケーションが失われつつある。匂いを介したヒトとヒトのコミュニケーションは、まさに息の触れ合う距離でのみ可能であり、自然との匂いを介した対話は自然の中にいて初めて得られるのである。ストレスの多い社会だからこそ、「たくましく」生きることが求められているのにもかかわらず、「たくましく」生きるために必要な嗅覚が軽視されつつある現在、嗅覚を介したヒトとヒトのコミュニケーションについて考えてみるのは重要なことであると思われる。

もう一つの嗅覚

これまで述べてきた主嗅覚系に加え、もう一つ別の嗅覚系が存在する。それは「揮発性の匂い分子を感じる主嗅覚系」と、「液体に溶けた分子を感じる味覚」との両方の性質を兼ね備えている感覚であり、鋤鼻《じょび》嗅覚系(副嗅覚系)と呼ばれる(大黒 2001/ワトソン 2000/コーディス・ヒューイ 2000)。

フェロモン（生物自身の体で生産され、同種の他個体に対して特異的効果や特異的行動を惹起する化学物質（Karlson & Luscher 1959））を介したコミュニケーションは主に鋤鼻嗅覚系が関与しているとされている。

フェロモンは動物では重要なコミュニケーション手段である。たとえば、雄のウマやゾウは発情した雌の尿に含まれるわずかなフェロモンを嗅いだだけで、反射的に、フレーメン反応という上唇を捲り上げる行動を起こす（ワトソン 2000）。また、非繁殖期の雌ヒツジや雌ヤギも、雄の尿や体毛に含まれるフェロモンを嗅ぐことによって発情するという現象（雄効果）が報告されている（椛 1998／ワトソン 2000）。マウスでは、妊娠が成立した雌が、妊娠のパートナーではない別の雄のフェロモンに曝露されると、妊娠が阻害されてしまう（ブルース効果）（椛 1998／Kaba & Nakanishi 1995）。また、フェロモンを感受する鋤鼻器を破壊すると、雄ラットでは性行動が抑制される（Saito & Moltz 1986）、等が知られている。

ヒトフェロモンの可能性

1971年、女子寮等においてルームメートとして同室で生活する女性同士の月経周期が同期するという現象（月経開始日が徐々にある一定の日に収束するという現象）がネイチャー誌に報告された（McClintock 1971）。著者であるマックリントック博士は、約20年後に、この月経同期はヒトの腋下から分泌される物質（フェロモン）によってもたらされることを同誌に報告した（Stern & McClintock 1998）。

卵胞期の腋下物質と排卵期の腋下物質を2ヶ月間、毎日女性被験者の鼻の下に塗ったところ、卵胞期の腋下物質は女性被験者の排卵のタイミングを早めることによって月経周期を短縮し、排卵期の腋下物質は逆に排卵のタイミングを遅らせることによって月経周期を延長した。また、われわれはこれら腋下物質が性腺刺激ホルモンの一つである黄体形成ホルモンの分泌パターンを変えることによって排卵のタイミングを調節していることを明らかにし、フェロモンによる排卵調節の神経内分泌学的なメカニズムについて報告している（Morofushi, et al. 2000／Shinohara, et al. 2000／篠原 2000／Shinohara, et al. 2001）。さらに最近では、ヒトフェロモン受容体がクローニングされるにいたり（Rodriguez, et al. 2000）、ヒトにもフェロモンを介したコミュニケーションが存在する可能性が強くなってきた。

以上、嗅覚のメカニズムについて記述してきたので、次は、発達という時間軸に沿って匂いを介したコミュニケーションについて概説する。

ヒトとヒトの匂いを介したコミュニケーション

胎生期 - 乳幼児期

受精と共に母の胎内に宿った新しい生命は、出産を迎えるまで常に母親と共にある。胎内はほとんど光の入らない世界（一定の視覚情報）であるが、胎児は母親の体温と同程度の暖かさに保たれた羊水の中で母親の規則正しい鼓動のリズム（一定の聴覚情報）を聞きながら、常に母親との一体感に包まれている。このような胎児において、嗅覚は働いているのだろうか。

ヒト胎児は妊娠6ヶ月頃から、自分の皮膚表面の剥れたかけらが浮く羊水を飲み込み、いったん腸で吸収した後、腎臓で濾過し、これを尿として再び羊水中に放出する。つまり、羊水は98%以上が水分であるが、残りの2%未満は胎児成分（胎児のうぶ毛、皮膚からの脱落細胞、胎脂（皮脂））を含んでいるのである。羊水は一般的には無色透明で無味無臭であると言われているが、タンパク質や脂質を含むため、少し生臭い匂いがする。したがって、胎児期においても匂いを知覚し、記憶している可能性が考えられ、次のような研究が行われた（Marilier 1998）。

生後2日-4日の母乳で育てられている新生児（男児13人、女児9人）を研究対象とし、枕元の一方は自分の羊水を染み込ませたガーゼを置き、もう一方にはコントロールとして水を染み込ませたガーゼを置き、約3時間のビデオ撮影を行うことで、提示された匂いに対する嗜好性を調べる実験が行われた。その結果、生後2日-4日の新生児はコントロールの水を染み込ませたガーゼよりも、羊水を染み込ませたガーゼに向かって顔を向けている時間が有意に長いことが示された。

しかし、この実験の結果だけでは、新生児は少なくとも羊水の匂いを感じ、それを嗜好していると いうことの証明のみにとどまってしまう。ここで肝心なのは、新生児が胎内にいる間に嗅いでいたことが予想される自分の羊水の匂いを、他の胎児の羊水の匂いと区別できるかどうかである。そのため、次のような追加実験が行われた。先程と同様に、生後2日-4日の新生児（男児8人、女児2人）を研究対象にして、一方に自分の羊水を染み込ませたガーゼを置き、そして、もう一方にはコントロールとして他の新生児の羊水を染み込ませたガーゼを置いた状態で同様の実験を行ったのである。その結果、新生児は自分の羊水の方に顔を向けている時間が有意に長いことが分かった。したがって、生後2日-4日の新生児は自分の羊水の匂いと他人の羊水の匂いを嗅覚によって識別していると考えられる。つまり、ヒト胎児は出産を待つまでもなく、すでに自分の羊水の匂いを嗅ぎ分け、さらにその匂いを脳に記憶しているのである。

このようなことから、新生児が生まれた直後（生後2日-4日）に惹きつけられる匂いは、自分の羊水の匂いであると考えられる。しかし、その後の発達段階で、匂いに対する嗜好性に変化が生じる。生後2日-3日の新生児に、羊水と母親の初乳を同時に提示した場合は、新生児がどちらか一方に顔を向けている時間が長くなるということはなかった。しかし、生後4日の新生児を対象として、羊水と母乳を同時に提示すると、羊水よりも母乳の方に顔を向けている時間が長かった。つまり、新生児も4日目になると、羊水よりも母乳に対して嗜好性を示すことが分かった。羊水が自分の成分由来であることを考えると、嗅覚的に初めて他者にひかれるのは生後4日目であると言えるのかもしれない。

さらに生後5日の新生児は、母乳の匂いを嗅ぐとリラックスするようなのである。新生児の踵から採血を行う際、母乳の匂いを嗅がせた場合と、嗅がせなかった場合の唾液中コルチゾール濃度を比較すると、母乳の匂いを嗅がせた新生児の唾液中コルチゾールの濃度が有意に減少することが分かった。コルチゾールはストレスに反応して上昇するホルモンなので、母乳の匂いは生後5日の新生児のストレスを軽減する効果があることが示されたのである（Kawakami, et al. 1997）。

次に、新生児が自分の母親の母乳と他人の母親の母乳を匂いによって区別できるのかどうかが調べられた。生後2日の新生児は、自分の母親の母乳と他人の母親の母乳を区別できなかったが、生後6-10日になると区別できるようになることが分かった（Macfalene 1975）。生後2週を過ぎると、腋下に当てたパッドの匂いによっても母親を認知できることが知られている。ただ、おもしろいことに、これは母乳で育てられた新生児に限られたことで、人工乳で育てられた新生児は腋下の匂いからは母親を識別できないのである（Cernoch & Porter 1985）。このことから、授乳中の女性は新生児が認知しやすい匂いを出している可能性や母乳児は人工乳児に比べ母親とのスキンシップが多いために、母親の匂いを覚えるという可能性が考えられる。いずれにせよ、母乳で育てると母児間のコミュニケーションが深まるのは確実である。

母親も自分の出産した子どもと他の子どもを、匂いで識別する能力が出産後速やかに確立されることが報告されている。

テネシー州ヴァンダービルト大学のリチャード・ポーターとジェニファー・サーノック等は、産科で生まれたばかりの新生児を、それぞれ母親から離し、目隠しをした母親に彼女自身の子どもと同じ年齢の2人の子ども、合計3人の中から自分の子どもを当てるというテストをした（Poter, et al. 1983）。その結果、61％の正解率で母親は自分の子どもの匂いを識別していることが明らかになった。しかし、同じような実験を生後2日目の新生児を対象に父親に対して行ったところ、37％の正解率であり、父親は自分の子どもと他の子どもを匂いで識別できるとは言えない結果であった。さらなる検討によって、あらかじめ10-60分自分の子どもと接していれば、90%の母親は子どもの匂いを識別できるし、60分あれば100%の母親が子どもの匂いを識別できることが分かった（Kaitz, et al. 1987）。

ヒトと同様、ラット、ヒツジ等でも、母親が匂いによって自分の子どもと他の子どもを識別できることが報告されているが、母親はなぜこれほどまでに高い確率で自分の子どもを匂いによって識別できるのだろうか。その詳細については、まだ明らかになっていないが、母親はある遺伝子の違いを嗅ぎ分けている可能性が考えられる。

ペンシルヴァニア州モネル化学感覚センターのルイス・トーマス博士は、免疫細胞が自己と異物を区別するときに使っている主要組織適合抗原複合体（MHC—ヒトの場合これをHLAという）の遺伝子群が、個人を識別できる匂いに関係している可能性を考えた（山崎 1999）。つまり、遺伝子で規定される個人の匂いは、MHC遺伝子群によってコードされていると考えたのである。本来、HLA遺伝子は臓器移植をする際の「相性」を決めることが主な役割であると考えられていた（山本 2001）。このHLA型には何万通りものバリエーションがあり、実際に日本人で家族以外の他人の中からHLA型がすべて一致する人を探すとなると、2万～3万人に1人という割合になるようである。また、このHLA型の六つある遺伝子座のうちの一つが違ってしまうだけで、拒絶反応が生じ、臓器移植の成功率が激変する。このようにMHC（HLA）は、それぞれの個体に固有の目印となって、自己と非自己の区別に使われているのである。しかし、これはあくまで免疫系に関することだけであると考えられていたのだが、ＭＨＣは母親の子どもの匂いを識別する現象にも関与していることが分かってきた。

母親のマウスに、母親と同じＭＨＣ型の新生児３匹、異なるＭＨＣ型の新生児３匹を与え、母親が新生児をくわえて巣へ連れてくる順序に注目した結果、母親は自分と同じＭＨＣ型の新生児を最初に連れてくることが分かったのである（Brown & Eklund 1994）。これは母親が近い血縁の子どもを嗅覚によって認知し、好んでそれらに母性的な行動をとっていることを示す。したがって、ヒトでもこの遺伝子型が親子間の識別に関与しているという可能性が高い。

思春期

思春期とは小児期と成熟期の間の移行期であり、性機能の発現開始にはじまり、初経を経て第二次性徴の完成（女性では月経周期が規則化する）までの期間をいう。その期間は、わが国の現状では８〜９歳頃から17〜18歳頃までと定義されている（久保田・麻生 1996／増田・麻生 1998）。

初経は遺伝子と環境の両ファクターによって、訪れる時期に個人差が見られる。しかし、この２００年間、初潮の年齢が10年ごとに３ヶ月ずつ早まってきている（ワトソン 2000）。１世紀につき、３年近くも早まっているのはなぜであろうか。他の哺乳動物の場合、雌の性的成熟は成熟雌と接触することによって遅れ、成熟雄と接触することによって加速する。ヒトの第二次性徴の完成（女性では月経周期が規則化する）についても、男性の影響が考えられるのである。

モネル化学感覚センターのジョージ・プレティとウィニフレッド・カトラーらは、月経不順（月経周期が24日以下か、32日以上）の女性に男性の腋下物質を曝露した（Preti, et al. 1986）。すると、週に数回、鼻の下にこの物質を曝露したことにより、すべての女性の月経周期が理想的な29日に近づいたのである。すなわち、男性から放出される腋下物質の中に、月経に影響を与える物質が存在するのである。したがって、初経年齢が早まってきている現象は、思春期における恋愛の早熟化によってもたらされているのかもしれない。

成　人

ＨＬＡ型は母親が子どもを匂いで識別することに関与している可能性については前述したが、ＨＬＡ型は女性の男性に対する好みにも関与していることが最近分かってきた。スイス・ベルン大学のクラウス・ウェデキントらは44人の男子学生に日曜と月曜の２晩Ｔシャツを着せて寝かせ、その翌日、50人の女子学生にそれらＴシャツの匂いの心地良さを10点満点で採点させた（Wedekind, et al. 1995／Wedekind & Furi 1997）。その結果、男子学生のＨＬＡ型が女子学生のＨＬＡ型に似ていれば似ているほど、その女子学生の採点したスコアは低く、反対にＨＬＡ型が自分とはかけ離れた男子学生のＴシャツを嗅いだ女子学生はこの男子学生に高いスコアをつけたのであった。

さらにペンシルヴァニア州モネル化学感覚センターの山崎らにより、マウスを用いたより詳細な実験が行われた（山崎 1999／Yamazaki, et al. 1976）。近親交配を繰り返すことでＭＨＣ型が限りなく同じになるよう作成された近交系マウスと、同様な近交系ではあるがMHC領域だけが異なったコンジェニック（類似遺伝子型）マウスを用いて、マウスの交配嗜好がMHC型に依存するかどうかを調べたのである。その結果、雄のマウスは自分とは異なったタイプのMHCを持つ雌と交尾する傾向がより高かった。異なるタイプの相手と交尾することは、生存に適するこの遺伝子の雑種を生み出すことになり、遺伝子の多様化をうながし、突然変異を拡げる結果になる。そして、広範囲な抗原に対する反応の増加や、新しく起こる環境の悪化にも対抗できる免疫系の適応能力を高めることになり、理にかなっている。MHC型の匂いの意義はここにあると考えられている。

中年期以降

ヒトは加齢に伴って精神・身体的な状態が変化する。特に更年期の女性では閉経に伴い、卵巣の機能が低下し、女性ホルモンであるエストロジェンの分泌が著しく減少する。あまり知られていないが、男性でも、更年期になると男性ホルモンであるテストステロンが低下する。そのため、更年期には、身体・精神状態に大きな変化が現れるのである。加齢に伴った変化は、体臭についても例外ではない。

資生堂の調香師・中村祥二氏らは、中高齢の男性の汗から、加齢に伴って変化する体臭成分として、ある不飽和アルデヒドを分離した（Haze, et al. 2001）。パルミトオレイン酸という脂肪酸が空気酸化や皮膚常在菌によって分解されて生成するノネナールという物質である。これは20代から30代の体臭成分からはほとんど見つからないのに対し、40代以降になると男女を問わず検出される。ノネナールは確かに脂臭い匂いがあり、多くの中高齢の男性から分泌されるため、ノネナール＝中年男性の匂いであると誤解してしまいがちだが、実際にはレベルは低いが女性からも分泌されているので、ノネナールは男女を問わず単に加齢に伴って増加する体臭成分なのである。しかし、女性が思春期になり、異性を愛し始める時期にノネナールの匂いを「オジン臭い」としてことさら悪臭と感じるのも、ちょうどその頃の父親からノネナールが発せられるということを考えると、近親相姦のタブーを破らないための合理的な現象なのかもしれない。

モネル化学感覚センターのデニス・チェンらはさまざまな世代の男女をドナーとしてその腋下の汗を採取し、それを３０８人の大学生の被験者（男性１５４人、女性１５４人）に嗅いでもらうことで、年齢ごとや男女の匂いに対する心理評価を行った（Chen & Haviland-Jones 1999）。ドナーの構成は、少年、少女、男子大学生、女子大学生、老齢の男性、老齢の女性である。その結果、最も匂いが強烈で不快と評価されたのは男子大学生の匂いであり、次に老齢の女性の匂いであった。三番目以降については、老齢の男性の匂い、女子大学生の匂いと続くが、この両者の間にはそれほど大きな差はなかった。この結果は、体の匂いの強さと不快感は年齢に比例するという考えを否定するどころか、逆に若い世代の人たちのほうが不快な匂いを放っていることを示唆している。

また、同時にこの実験では、これらの匂いが被験者の気分に対してどのような影響があるかについても評価を行っている。その結果、特に老齢の女性の匂いは、匂いが強烈で不快感が高いと評価されたにもかかわらず、被験者の不安な気分を有意に減少させる効果があることが分かった。これに対し、男子大学生の匂いも同様に強烈で不快感が高いと評価されたのであるが、そのような効果はまったく見られないのである。これらのことから、現在の核家族化について考えると、今の子どもたちは「おばあさんの匂い」によって癒されることが少ないのかもしれない。

体臭嫌悪

これまで述べてきたように、体から発せられる匂い（以下、体臭と略す）はヒトでも重要なコミュニケーション手段である。にもかかわらず、現在、無臭指向が広がっている（鈴木 1998, 2000, 2002）。特に若い世代では自分の体臭を隠すために、朝登校前にシャワーを浴びたり、制汗剤やデオドラントなどを用いたりすることが多くなってきている。では、なぜここまでして、わずかな体臭も悪臭として嫌悪するようになってきたのであろうか。

ヒトも他の動物と同様、危険を示す情報に対して回避行動をとるべく、遺伝子にプログラムされている。しかし、身体や排泄物に関する悪臭は危険を示す情報には当たらない。動物は排便後肛門を舐めるし、乳幼児、重症の痴呆あるいは統合失調症の患者などでは、便を手でこねるという行動がよく見られるのである。すなわち、ヒトは出生後、社会から悪臭とは何かを教えられ、悪臭嫌悪を学習するのである。ただ、この悪臭嫌悪の学習は古代の人間社会からあったので、その悪臭嫌悪が加速度的に増してきたのには何らかのきっかけがあったはずである。それはおそらく、19世紀後半、コレラ菌などの蔓延により、人々の中に生まれた衛生観念によるといわれる。不潔、不衛生な環境（細菌の増殖しやすい環境）には腐敗臭（細菌の増殖による匂い）を伴うことから、不潔、不衛生＝悪臭となり、「感染症の撲滅」→「悪臭の撲滅」へという図式で社会（物理的環境、ヒト）が変わっていった。つまり、悪臭は病いを蔓延させる不潔な状態を示す一種のサインとしての働きをするようになり、悪臭のするところ、あるいは悪臭を発する人が忌み嫌われるようになってしまったのである。

その結果、物理的環境は格段と衛生的になり感染症による死亡率は大幅に減少した（ただ、抗菌グッズが巷にあふれることによって、アトピー等のアレルギー疾患が増加するという結果も招いているが）。一方、ヒトは、頻回のシャワー、歯磨きによって清潔にしたり（体臭を消す）、対人関係の距離をとったり（体臭が届かない距離、媒体でコミュニケーションをとる）するようになった。その結果、五感をフルに使ったコミュニケーションは減少し、子どもの精神的発達にも悪影響を及ぼしている可能性が考えられる。たとえば、未熟児は生まれてすぐに母から離され、出生後早期（24時間以内）の母子間コミュニケーションがとれないため、虐待される確率が多いことが明らかになっているのである。

私たちは今後、良い匂い、悪い匂いという価値判断を下すだけでなく、匂いの背後にある生物学的な意味を感じとることが必要なのかもしれない。

コラム6 アタッチメント

アタッチメント（attachment）は、わが国では「愛着」と訳され、親子間の情緒的きずなを示す概念であると一般的には理解されている。しかし、近年のアタッチメント研究では、情緒的きずなといった側面より、子が親を探索のための安全基地として利用することや、それによって得られる安心感に焦点がおかれている。さらに、最近では、アタッチメント対象が安全基地としてどの程度利用可能であるかを予測すること、つまり、アタッチメント対象に関する内的表象である「内的ワーキングモデル」が注目され、その個人差の規定要因や他の発達側面との関連、世代間の伝達などが興味の中心となっている。いまや、アタッチメントは、個人内の心理的現象として扱われる傾向が強くなっている。

アタッチメント理論の創始者であるボウルビィによると、アタッチメントは、危機的場面で、安全の港として親に近接を求め、危機がなくても、親に居所を知らせたり、安全基地としての親の利用可能性を確かめるために親に近づく行動システムであり、捕食者から子どもを守る機能をもつ。子が親に接近して保護を求める行動の究極の形が、親が子を抱き、子が親にしがみつく行動と言える。また、乳児に見られるすべてのアタッチメント行動は、何らかの形で親子間の距離を縮めるものである。無力な存在として生まれる人間の子は、親からの保護や養育を引き出すために、泣きや発声、微笑によって親を手元に引き寄せ、しがみついたり、乳を吸ったり、目で後追いをすることによって親との近接を維持するためのアタッチメント行動を生得的に有している。アタッチメントは、栄養摂取や身体の安全といった子の生存にかかわる行動システムとして、まず、とらえられるべきである。

アタッチメントの形成過程に注目すると、さらに身体的かかわりが明らかになる。アタッチメント行動は子を親に近接させる行動であるが、それに対して親が適切な養育行動をすることで生理的な欲求が満たされ、子は快の感情を得る。そうした快の感情と特定の対象や行動とのつながりが学習され、親がアタッチメント対象として特別の存在となり、親との情緒的きずなが形成される。また、アタッチメントの個人差は、子の生理的欲求や安全を求める信号に対する親の敏感性に応じた適応過程であり、身体維持のための行動ストラテジーである。つまり、安定したアタッチメントが形成された場合には、親を信頼してスムーズにアタッチメント行動を行う。しかし、不安定なアタッチメントでは、生存が脅かされないように大げさにアタッチメント行動を示して、親から保護や養育を引き出したり、親からの不適切な行動を回避して、他の大人にアタッチメント行動を向けたり、自らで解決しようとする。

さらに、身体的かかわりによるきずなの形成について、脳内の麻薬関連物質やホルモンの関与が確かめられている。分離や外的脅威によるストレスが、親との接触や世話によって低減されると、脳内の麻薬関連物質の増減が生じ、それによる条件づけによって、親子のきずなが形成されると考えられている。また、授乳や性的かかわりといった濃密な身体的接触において、愛情ホルモンとも呼ばれているオキシトシンが大量に分泌され、きずなの形成をうながしているようである。

このように、アタッチメントは個体間の身体的かかわりを抜きにして考えることができず、単なる情緒的きずなや個人内の心理的特性としてとらえることには問題がある。アタッチメントを身体的かかわりとしてとらえることで、アタッチメントの生物学的側面や進化的な意味づけが明らかとなるばかりではなく、アタッチメントの形成過程や規定要因について、生理学的なメカニズムを含めてより精緻化された研究結果が期待できるだろう。

9章 介護する

介護と身体――その多様なアスペクト

介護において、身体という側面はきわめて重要である。というよりも、介護はその本質において、被介護者の身体をめぐって他者がかかわる事態であり、ことさら重要性を強調するほうがむしろ不自然かもしれない。

たとえば、ベッドから車椅子への移動を介助する場合を考えると、たちどころに身体の大きさ、重さが影響することが分かる。実際には、自身の身体の大きさ、重さとの差も影響する。相手の身体をどのような順序で動かすのか、片麻痺など障害がある場合はどうするのか、どこに自分の手を当て、どのように足位置を決めるとスムーズに介助できるのか。それは時にはやっかいな、また時には緊張を感じるかかわりを生み出す。

あるいは、清拭の場合。介助者／要介助者ともに接触に伴うさまざまな心理を経験する。鈴木（2000）は看護師の清拭について、次のように述べている。

単なる清潔効果にとどまらず、拭いてくれる人の心情が手を通して伝わってきて、安らぎと暖かさに包まれる思いになるのである。その間ことばを交わさなかったとしても、清拭者と患者の間に心的交流がなかったとは言えまい。（中略）一方、いちいち「失礼します」と声をかけて態度は丁寧でも、いちいちこれはどうしましょうと聞いて確かめ、やたらに時間のかかる清拭もある。相手の意向を尊重しているようでいて、結果として気持ちをわずらわせ、負担を感じさせている。

一方、同じ清拭であっても、顔や腕を拭くことと性器の場合とでは、あるいはまた、単に汗を拭き取ることと、オムツを替えた後に皮膚にこびりついた大便を拭き取るのとでは、両者が感じる心理状態が異なる可能性もまた容易に想像される。両者が同性か異性かでもさらに異なるだろう。永田（2001）は、身体的要介護の老親と子との接触の有り様として、接触が両者にとって、介護作業を遂行するうえでの単なる接点であるのか、あるいは何らかの心の動きを伴うものであるのか、またその相が一致しているのかずれているのかによって、両者の間で異なる心理状況が生まれることを述べている。

そもそも家族介護者にとっては、そのような個々のかかわりの前に、「介護が必要な身体」の有り様そのものが、それ以前の健常な身体とははるかに異なる意味をもっている。たとえば入院している、起き上がることができない／立って歩けるようになった、下の世話が必要である、そのような身体の変化自体から当事者（介護者／要介護者）が受ける衝撃もまた大きなものである。

そしてまた、身体は介護者による虐待の対象となる。日本労働組合総連合会（1995）の調査では、家族介護者の4割が、要介護者にたいしての憎しみを「いつも」もしくは「ときどき」感じており、虐待の経験がまったくないのは介護者の47％であると報告している。虐待の多くは無視や言語的なものだが、たとえば上田（2000）は、在宅要介護高齢者に対する家族介護者の不適切処遇について調査し、たたく、つねるなどの身体的行為は全体の8％と報告している。

いずれにせよ在宅介護において、要介護者は自らの身体を家族介護者に委ねなければならない。それは、かつて子どもだった頃の周囲の大人たちとの関係と構造的には類似でありながら、やはり同じ心理的経験とは限らない。そして今日、介護は家族だけで行うものでもない。２０００年4月から導入された介護保険は、介護の社会化を促進する制度と言えるが、それは要介護者が自らの身体を家族外に委ねる、いわば要介護者の身体の社会化を意味するとともに、「家族の介護には責任がある」と考えていたわれわれに、「他者の介護にもかかわる責任がある」、すなわち介護者の身体の社会化をも提示するものである（市野川 2000）。

しかし本章では、紙幅の関係もあり、なにより著者の力量不足から、上記のいずれもこれ以上扱わない。また、介護の問題では、高齢者だけでなく、障害者をめぐる問題も独自の意味と領域をもつものであるが、これもまた同様の理由で扱わない。

以下では、著者がある特別養護老人ホームで行った、食事介助場面の観察を題材に、（1）要介護高齢者の主体性をいかに介護の文脈で見出しうるか、（2）痴呆の高齢者といかにわかりあうか、という2点についてのみ論じてみたい。ただし、そのきわめて限定的なデータから、できるだけ一般性の高い形式での提案を試みるつもりである。

食事介助場面の観察

相互行為における意思の表れ

筆者らはある特養でフィールド研究（川野 1999）を行い、食事の全介助が必要な利用者とその介助者グループによる昼食時の介助シーンを観察した。このうち2名の利用者は同じフロアにいて、その特養の介護体制上、ほぼ同じ介助者グループによって食事介助を受けていた。そのうち一名（以後利用者1）は、比較的発話は活発であるが聞き取りにくいときがあり、意思疎通が難しい。退行期幻覚症と診断されていた。食欲はあることが多く、嚥下も比較的スムーズである。もう一名（以後、利用者2）は、発話は少なく、意思疎通がより難しい。痴呆があると診断されていた。嚥下困難があり、かなり時間をかけて食事を済ませる場合もあった。このような特徴の2名の利用者と6名の介助者による介助を録画したビデオがここでの分析の資料である。

そこからは、まず第一に利用者2と介助グループとによる食事介助のやりとりでは、手進（介助者：スプーンを持った手を利用者の口に進める）‐食べる（利用者）、拒否（利用者：口を閉じる、首を横に動かすことで手進に応じないこと。利用者の意思そのものではない）‐手戻（介助者：利用者の口元まで進めたスプーンを引く）の率が、場面にかかわらず利用者1よりも高かったことが見出せた。「手進‐食べる」は、介助者の行為がスムーズに受け入れられたことと考えるなら、利用者の反応が介助者によって受け入れられたことと、逆に「拒否‐手戻」が利用者2との食事介助は、確実性があり安定した進行であったと言える。あるいは、お互いの行動に対して違和感・抵抗感の少ないやりとりである、と言いかえることもできよう。第二に、利用者1とのやりとりでは、通常場面より水分補給場面で、手進‐拒否、拒否‐手戻の率が高くなる、つまり水分補給場面において、より利用者の行動、あるいはその行動によって瞬間的に提示される意思のようなもの、が尊重されるようになっていた。

合奏のように食事を介助する

ところで、この「瞬間的に提示される意思のようなもの」は、行動に先んじてそれを決定する「意思」そのものではない。むしろ、先行する行動に後発の行動が対応づけられたときにはじめて成立する。これを両者の食事介助を方向付ける意味、「志向」と呼ぶことにする。たとえば、「手進‐食べる」は介助者の「手進」に対して、利用者がいわば順接したことで介助者の志向（たとえば、食べて欲しい）が見出される連鎖である。このように、食事介助場面を、利用者と介助者の「食事をめぐる二つの志向」が現出し、相互に意味づけ合いながら連続している過程としてとらえてみた。

この過程を理解するうえで、木村（1988）が「あいだ」の概念を提示するのに用いた、音楽の合奏についての分析を参考にする。そこでは、音楽を演奏するという行為的な側面をそのノエシス的な面、そのときにわれわれが意識している部分を音楽のノエマ的な面と呼び、この一対の術語を用いて、特に演奏者が音楽の「ありか」をどこに感じとっているかについて、三つの段階に分けて論じられている。第一の段階では、ある程度以上の技術をもつ演奏者が各自、楽譜に指定されている音符や休止符をメトロノーム的に正確に再現し、自らの演奏のノエシス的な面とノエマ的な面が主体的に感じられる。第二の段階では、メトロノーム的な正確さを越えて、各演奏者が共演者の演奏に合わせようと努力する場合であり、演奏者の実力に差があれば、従属的な立場の演奏者は、指導的演奏者の作り出す音楽的なノエシス面に方向付けられ、自分は他律的に音を出す道具的存在にすぎないと感じられる。第三の段階は合奏の各メンバーが優れた実力をもち、かつ優劣の差がないという場合である。自分はピアノの鍵盤しかたたいていないのに、共演者のバイオリンの音まで、まるで自分が弾き出した音であるかのように意識してくる。それと同時に、各演奏者は自分自身の演奏するパートだけの音もノエマ的に意識している。この段階で感じられる音楽のありかは、いわば各演奏者の「あいだ」であるとしている。

この合奏に関する記述をメタファーとして、食事介助の場面を理解してみよう。もちろん、楽譜にあたるものはない。あるいはメトロノーム的正確さをもって、たとえば20秒おきにスプーンを差し出したとしても、食事介助にはならないのである。

これに対して、第二の段階のように相手に合わせた介助の可能性は高い。それは合奏の場合のように技術的な非対称性によるものではなく、利用者のための介護という視点で、利用者が主体であるという判断にもとづく非対称性である。確かに、基本的に食べる側に自然で快適なように介助をすることで、確実で、利用者の満足度の高い食事が実現されるだろう。すなわち、現実の介護は基本的に、利用者の志向が方向付けていくと考えられる。たとえば利用者の「食欲」は、食事を始める出発点であり、それに優先する他の志向はありえないように思える。

では、「食べて欲しい」といった内容を示す介助者の志向は、不要なのだろうか。無論、ここで「ごちそうさま」をすべきではない、というような介助者の志向が利用者に対して生み出す効果（たとえばより健康になること）を考えるとき、介助者＝従属的立場として固定化してしまうのは望ましくない。とはいえこれは、利用者が介助者に従属すべきであるという逆の結論に結びつくものでもない。合奏のメタファーで言えば、「そのノエマ的側面にどのように耳を傾けるか」が問題である。

食事が進むにつれて現れる情報＝ノエマ的側面は、満腹感、味わい、疲労、楽しさ、テンポなど多様であり、それぞれの志向に価値が認められている以上、一方が単に追従者となってしまうことには問題がある。もちろん実際には、多様な情報に耳を傾けていくことは容易なことではない。現場では、介助は一定の形に安定したほうが安心であり、特養のもつ時間的・空間的制限、たとえばある時刻までに食べ終わらなければならない、という生活上の要請がある。

そこで必要となるのは、まず第一に食事介助の確実さを維持するための制約であり、第二にはそれを前提としたうえでの、相互の志向の現れを具体化していく試みである。常に食事そのものの進行に立ち戻る状態を保ちながら、相互のノエマ的側面が異なっている可能性があることを想像することが必要になる。そこで重要になるのは、確実さによって支えられた典型的なパターンからの「ズレ」である。おそらくこのズレは、受身的に相手に合わせているだけでは観察しにくい。まず自ら行為することで志向を示し、それへの反応として予想外の相手の志向が示されるというプロセスの中でこそ認識されると思われる。つまり、ただ流れるような介助だけでなく、いわば「下手な」食事介助の成立が新たな可能性に気づかせる契機となるのである。

もちろん、合奏の分析の第三段階で述べられた「あいだ」に近い感じ方、たとえばスプーンを進めることがすなわち利用者が食べることであるという介助者の感覚や、変更を求めるまでもなくスムーズに食べられるという利用者の状態もあるだろう。これは、いわば相手が示す志向を適切に先取りするようなうまい介助である。しかし、それが必ずしも理想的であるとは限らない。介護において価値的に非対称で「ズレ」を含みうることは、時に確実さを犠牲にするかもしれないが、その反面、多様な価値を背景とした内容豊かな行為を生み出す可能性を保証するものだからである。

志向の流れに見られる「主体」

では実際のデータで、手進 - 食べる（あるいは、拒否）、拒否 - 手戻（あるいは、手進）の四つの二連鎖の現れ方を追い、志向を重ねていくプロセスを検討してみよう。図9 - 1では、それぞれ異なっ

介助例 1

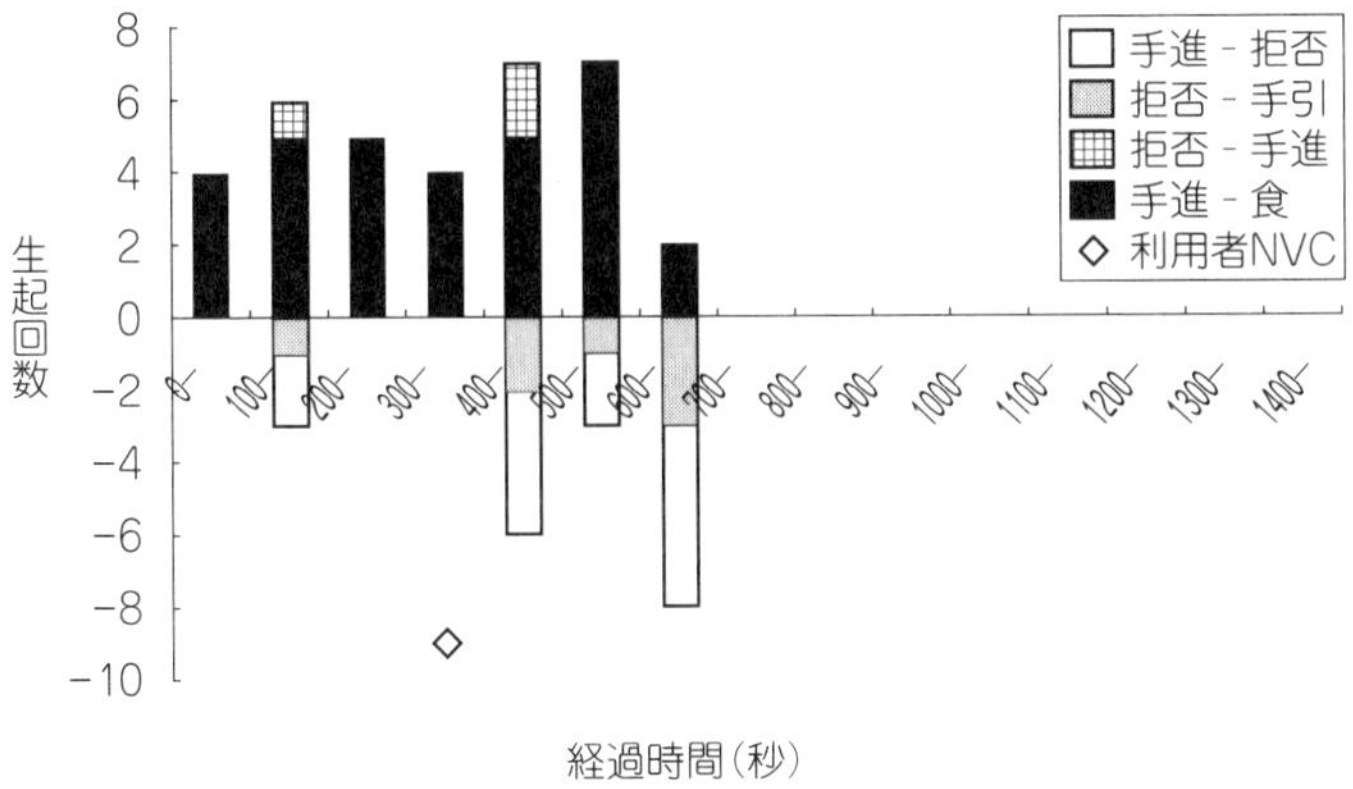

介助例 2

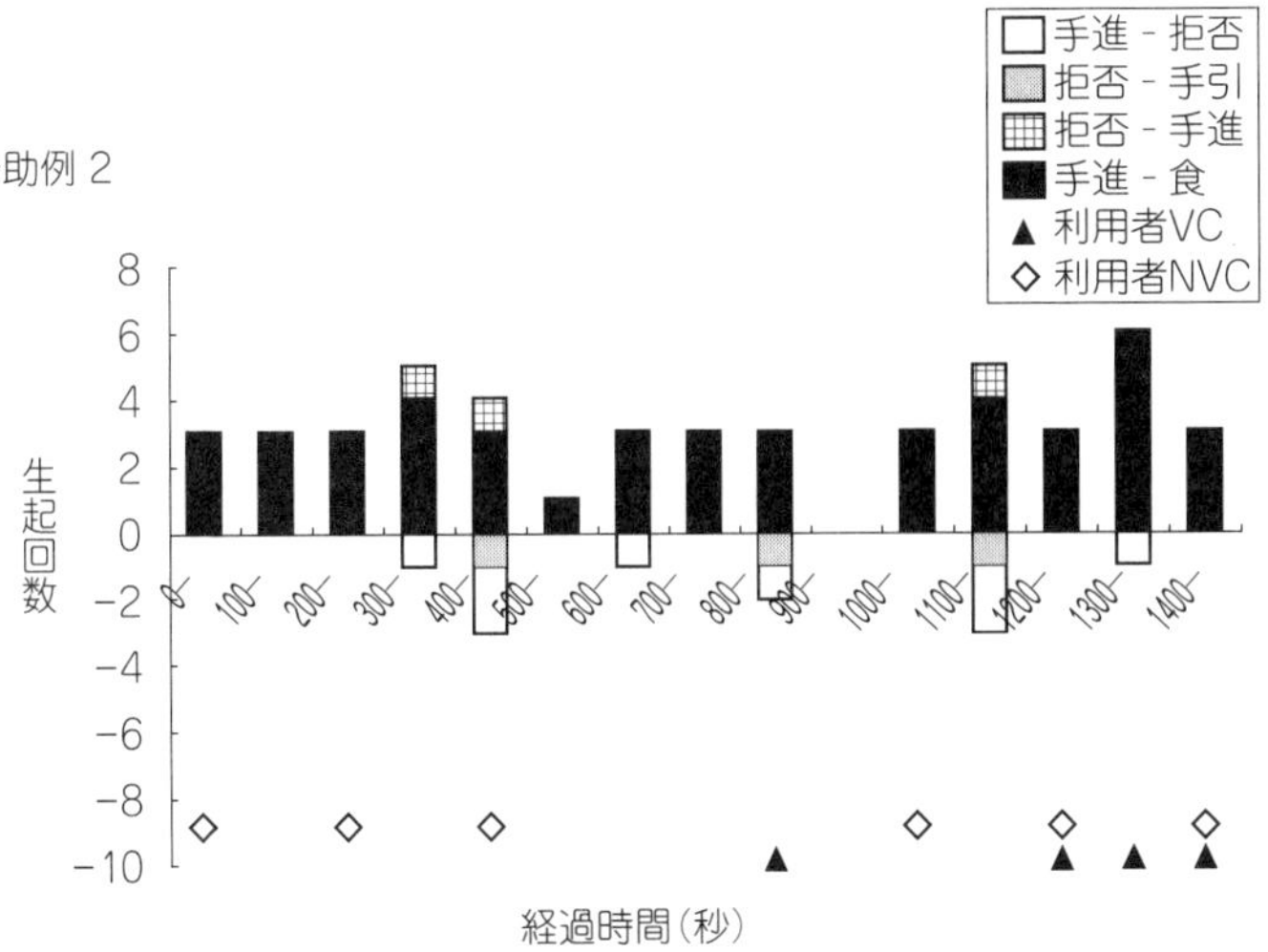

図 9 - 1　介助行動による介助例 1 、介助例 2 の志向の展開

た介助者による利用者2との食事介助を2例取り上げ、100秒ごとに四つの連鎖の発生頻度を示した。ただし、手進‐食べる、拒否‐手進を介助者の志向の現れとしてY軸の正方向に、また手進‐拒否、拒否‐手戻を利用者の志向の現れとして負の方向に累積して示した。また、同時に利用者のコミュニケーションのための発話あるいはしぐさが、当該時間帯に見られたかどうかについても、◇、▲といったマークで示した。

介助例1は、食べるスピード、あるいは介助者が手を動かすテンポが早い。また、前半では介助者の志向が尊重される連鎖が多く、後半には利用者の志向が尊重される連鎖が多くなるという推移が見られる。また、その間に利用者のコミュニケーションサインがほとんど見られない点も特徴的である。それと対照的に介助例2では、食べる、あるいは手を動かすスピードは遅く、前半と後半を区別するような特徴は、四つの連鎖の現れ方からは見出せない。ところが、後半に利用者の言語的・非言語的コミュニケーションサインが多く見られ、介助例1との比較で類推すれば、あたかも後半にあるべき利用者の志向の尊重を補償しているかのようである。

観察された食事介助の多くは、食事場面と水分補給場面とに分けることができた。その場面の差が、ここでの志向の推移にも反映されたと考えるべきであろう。つまり、利用者の状態もよく、おそらく食欲もあるだろう食事の前半には、介助者の志向がより尊重されている。一方、水分補給など食べること（嚥下すること）に困難が多くなり、同時に利用者には満腹感や疲れなどが見られるだろう後半には、結果的に利用者の志向がより尊重されている。食事の「ありか」はそのように移り変わっているのである。ただし、それが実現されるやりとりは一様ではなく、介助1に見られるように連鎖の組み立てによって現出し、あるいは介助2に見られるようにそれ以外の、いわゆるコミュニケーションサインによって両者の現実となっている。

このように、意思疎通が難しいと診断された要介護者の主体性は、介助者との食事介助をめぐるやりとりの中で多様に現れうる。それは決して受身的なものではないが、要介護者個人にすべて還元されてしまう性質のものでもない。その有り様は身体の多様なチャンネルを通して、そして、介助者による積極的なかかわりと慎重な観察の中でこそ見出すことができる。

わかりあうこと——情報の肌理を手がかりに

ことばによる意思疎通の困難な利用者とのやりとりでは、専門職である施設介護者もストレスを感じることがある。今回のフィールドのある介助者は、自らの介助場面のビデオを見ながら次のような感想を述べた。「なにかいいたそう。私の介助のペースが速かったりすると『もうちょっとゆっくり』とか、『それきらい』とか」「お返事してくれなくてもう困っちゃって」「お年寄りが話そうとしているときに、（介助を）やるほうはお口にいれているじゃないですか。そう、なんか嫌んなってきますよ。精神的に、疲れてんのかなぁ」。

介助者は、意思疎通の困難な利用者に、必ずしも返事を期待して話しかけているわけではない。ただし、「おっしゃりたいことがあるはず」という認知をもつことがあり、そのときは「いいたそう／

聞きたい」と感じる。さらに状況によっては、はっきりと利用者の声で意思を表してほしい場合もあるだろう。たとえば、食事の終了は、私たちの習慣では食事をしている人が「ごちそうさま」とその場に伝えることで成立する。これは、一人で食事をしているときでさえつぶやいてしまうほど明示的で安定した手続きであり、発話能力の不十分な乳幼児の場合は母親が代わりに言ってやることもある。しかし、介助場面ではできることなら当人に食事の終了を決定してほしいのであり、少なくとも意思をはっきりと確認したいのである。

では、介助者は、意思疎通の困難な利用者にどのようにして尋ね、また返事を得ているのだろうか。西村（2001）は植物状態患者とわかりあう看護経験について、メルロ＝ポンティの身体論を援用しながら現象学的な記述を試みている。看護師が自らの身体を通して患者との間で見出す関係について、自ら傍らに立ち、また看護師との対話を通して感じとり記述しようとした。たとえば、看護師と患者との間での視線の「絡む」感覚。それは、単に視線が「合う」ことを越え、見ると同時に見られているという相互反転性の状況の中に、身体を介しての交流＝「わかりあう」実感を伴うものとして記述された。

このような記述は印象深く了解可能なものである。しかしここでは、観察可能で実際に遂行可能な行為として、「尋ね－返事を得る」方法の記述を試みたい。その一つの手がかりとして、同じくメルロ＝ポンティに依拠しつつ、一方で竹内敏晴のレッスンなど引用しながら、他者に届く「声の肌理」についてふれている、鷲田（1999）の言及に注目する。ことばの内容だけでは伝わらない、聞き手の心理状態にフィットしてまさに「ふれる」かのように聞こえたり、逆に気に「さわる」ような調子であったりする、相互浸透的に感じられる声の肌理。これは従来の対人コミュニケーションの領域では、非言語的情報と呼んでいたものとも言える。ただし、ここではあくまで聞き手に生き生きと感じとれること、語り手にそれが認知できることに焦点がある。送り手と受け手、その双方が「つながった」と感じられる声の振る舞い、これが声の肌理ということばが指し示す特徴である。

もちろん、肌理は声以外にも見出せるだろう。尼ヶ崎（1995）は、一流のダンサーがもっている、観衆の目を惹きつける身体の強度について述べ、能にみられる気迫を漲らせて立つ姿を例に、身体が見る者に伝えるうえでの強さの「相貌」への視点を示した。一方、西阪（2001）は相互行為において参与者の役割の集合として参与フレームという概念を想定し、それが相互行為空間の中で、どのように参与者によって協同で編成・再編成されるかを観察した。特に身体の配置への注目が興味深い。たとえば、コンピューターの操作を学習する学生と指導者との相互行為空間は、ともにモニターを覗き込む形で協同作業の役割を明確にしているところから、間違いを見出した指導者が驚いたように体を後方に引くといった身体配置を資源に、再編成される。

この参与フレームというアイデアによって、「わかりあえない」という事態を、すなわちその再編成の困難とお互いの役割・かかわり方の混乱として記述できるかもしれない。しかし、介助者と痴呆等で意思疎通の困難を示す利用者が、どのくらい合理的に参与フレームの編成に関与しているかを検討するには、いくつかの困難が予想される。ここではむしろ、身体配置の変化はその場面の参加者にとって重要な観察資源となる、このことのみを確認しておこう。このことは、一流ダンサーでない私たちの身体もその場面の参加者に影響する情報の形質＝肌理をもつことと、それを研究者が観察することの可能性を示す。

しかし、これ以上情報の肌理について特徴づけることを一時停止したい。そしてこの概念を明確な分析道具というよりも、立地点として意識しながら、身体の非言語的情報が「尋ね‐返事を得る」過程にどのように組み込まれ、影響を与えているかを実際の例から見ていくことにする。表9‐1（a）は、この節の冒頭に紹介した介助者と利用者2の食事介助終了場面（約2分間）の様子である。声の大きさと姿勢の変化が分かるように示した。まず発話をみると、介助者は5〜6回はコーヒーを飲むかどうかを聞くが返事をもらえず、最後にようやく確認できている。この場面での利用者の反応のなさについて、あるクローズドな研究会では「同じゴールに向かっての共同作業であるというこの場面の（分析のための暗黙の）枠組み（＝合奏のように食事する）をはずしてみれば」（松嶋秀明氏）「よりよいコミュニケーションや自分への配慮をもとめるメッセージということもある」（北村英哉氏）と指摘していただいた。この可能性も高い。

ただし、介助者の声は利用者に届いていないわけではないようである。介助者は、利用者の名前を呼び、自分に注意を向けることを何度かうながしている。2分間ほとんど、体を利用者の方に傾け視線を向けている。つまり、ここで介助者は、「呼びかけ‐注意を向けてもらう‐尋ねる‐返答をもらう」という、明確で常識的なコミュニケーションの成立をかなり期待しているように見える。これに

表9-1 (a)　食事終了時のやりとり

(a) 利用者2と介助者Aの食事終了時

時間	姿勢		コミュニケーション	
	介助者	利用者	介助者	利用者
3950	2(2)	②	飲んだ?	
			お口入ってる?	
				（首を横にふる）
4000			じゃ飲んでくれる?	
				（目線を下げる）
			ごっくんして	
4010				（嚥下する）
	2(1)		ん、よーし	
	2(2)		はい（手進）	（口に入れる）
4020				（嚥下する）（げっぷする）
			まだ飲める?	
				（小さいうなずき）
4030			飲める?	
				（小さいうなずき）
			どっちかな?	
		③		（目線をそらす）
		②	Oさん	
		①(2)		（介助者の方を向く）（話すかのような息）
			まだ飲める?（吸い飲みを動かす）	
		①(1)		（吸い飲みの動きを追ってみる）
4040			もういらない?	
				（吸い飲みをみる）
		①(2)	どっち?	
4050		②	飲みますか?	
			いらない?	
				（右手が動く）
			Oさん	
4100		①(2)		（介助者の方を向く）
	2(1)	①(1)	コーヒーを飲む?（吸い飲みを示す）	
	2(2)		（姿勢を低くして目線を合わせる）	
		①(2)		（吸い飲みを見てから、首を横にふったよう）
			いらない?	
				（首を縦にふったよう）
			どっちかな	
4110		①(1)		（吸い飲みの動きを追って目線下へ）
		②		（正面をむく）

表9-1 (a)つづき　食事終了時のやりとり

時間	姿勢		コミュニケーション	
	介助者	利用者	介助者	利用者
			Oさん	
				はい
			(吸い飲み上へ)コーヒー飲みますか?	
4120				(首を縦にふったよう)
			いりませんか?	
				(首を横にふったようー直線と違う動き)
			どっちー?	
				(首縦あるいは大きく呼吸)
4130			飲める?	
				(首を横にふるービデオでは明確)
			飲めない?	
				(首を縦にふるービデオでは明確)
			どっちー?	
				(げっぷをする)
			あらっ	
4140			お腹一杯になっちゃった?	
				(げっぷをする)
	2(1)		(吸い飲みをおいて背中をさすする)	
	2(2)		(さすりながら)Oさん?	
4150				はい
			コーヒー飲む?	
				(首を横にふるー動きがはやく明確)
			もういらない	
				(首を縦にふるー明確)
			ん、じゃ、ごちそうさましましょ	
				あー
4154	2(1)		じゃ、ごちそうさま	

表 9-1 (b)　食事終了時のやりとり

(b) 利用者2と介助者Bの食事終了時

時間	姿勢	コミュニケーション	
	介助者　利用者	介助者	利用者
4010	1(2)②	はい(手進)	(口に入れる)
4020		*はいいくよー*	
	0(2)②	まだ入ってる?	
4030	1(2)①	まだ入ってますかー?	
		(口元をふく)	
	1(1)②(1)		(ティッシュにさわる)
4050	1(2)	はい(手進)	(口にいれる)
4100		はい、じょうず飲めた	
4110	1(1)③		(ティッシュにさわる)
4120	1(2)②(1)	はい(手進)	(口にいれる)(髪にさわる)(ティッシュにさわる)
4140		*はいいくよー(手進)*	(口にいれる)(ティッシュにさわる)
4200	0(2)	(口元をふく*2回)	
	2(2)	*もうお腹一杯?*	
			んー(首を縦にふる)
4210		**もうおなか一杯**	
			(首を縦にふる)
		ごちそうさましようか	
			(首を縦にふる)
		ね、ごちそうさま	
4220			(首を縦にふる)

太字部：他より大きな声で　　*イタリック下線部：他より小さな声で*

(1)は食器等を見ていたことを (2)は相手を見ていたことを示す

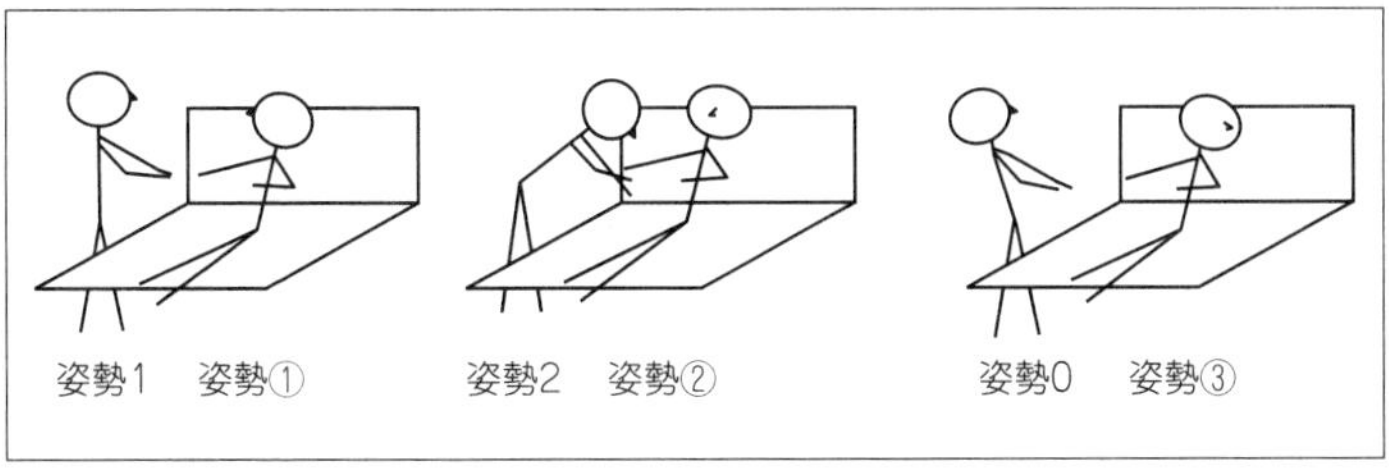

対して利用者は、一見注意を払わず、あるいは無反応である。しかし、ビデオを用いて詳細に観察すると、利用者は介助者の発話への返事のタイミングで何らかの行動を示しており、やりとりの「形式」は（利用者の中では）維持されていることが分かる。時折目線を向け、うなずきは徐々に明確になり、最後のターンでは発話によって意思を示している。すなわち、時間をかけて、介助者の求めるコミュニケーションの型に合わせていると言える。最終的に「尋ね－返事を受ける」ことで意思確認が成立している。

ところで、この介助例に関しては「画面から間主観的に共有される息苦しさがある」（西條剛央氏）という指摘もあった。一方的に尋ねる形式の発話にも原因があるが、長く維持された、覗き込むような介助者の姿勢（姿勢2⑵）による印象も大きいだろう。ここには、慎重に嚥下を確認しようとする介助者の「姿勢」が現れている。表9‐1（b）には、これと印象の異なる食事介助終了場面を取り上げた。対照的なことの一つがその姿勢であり、介助をしているときはほぼ直立の姿勢1、状態を確かめるときにはむしろ体を引く姿勢0であり、最後に返事を求める語りかけのときにのみ姿勢2をとっている。利用者の動きは、必ずしも表9‐1（a）のように介助者の発話に対応していない。

もう一つの特徴が声の大きさであり、小さな声はターンの最初に用いる。特に印象深いのは、最後に食事終了の返事を求めるターンでの、体を傾けてのささやくような「もうお腹いっぱい？」であり、まるで内緒話をするかのような一組の動作である。そしてその後、利用者の意思を代弁（岡本 2000）する「もうお腹いっぱい」というときには、まるで小さな信号を拾って増幅（amplification）するように大きな声で言っている。この介助例で先のような息苦しさが感じられないのは、介助者が身体情報によって示す介助の節目や流れがより明確にありながら、むしろ利用者が主導的であるかのような相互行為が明示される、その様子による。

情報の肌理について明確に定義しないまま、身体の示す非言語的情報の顕著さ＝変化に注目するという方針で、二つの食事介助終了場面を比較検討してみた。表9-1（a）は意思の確認をするやりとりの端緒を、名前を呼び注意を向けてもらうことで始めようとしていた。サックス（Sacks 1992）は、話し手が新たに話し始めるには、story preface（たとえば「いいことがあったんですよ！」）といった手続きが必要で、聞き手が受け入れてくれなければ話し出せないことを指摘したが、名前を呼ぶという始め方はこれに該当するのだろう。しかし、意思疎通の困難な利用者とのやりとりでは、すぐその瞬間にこの形式に移行することは難しい。

つまり、「肌理」という視点で考えると、話し手の「声」は、聞き手の状況も含んで成り立つべきだろうということになる。たとえば「声と身体の所作を使ってその肌理を芸としてみせる落語であっても、一部の人には入り込めない、あるいは楽しめない」（宮崎朋子氏）。澤田（1996）はザイールのエフェ族のコミュニケーションに「同時発声形式」が特徴的であり「発話-応答形式」と使い分けられていることを指摘し、コミュニケーションが成立する背景として、かかわる者の「身構え」が重要であるとした。表9-1（b）の「内緒話のような切り出し方」は、直前の身体のあり方から変化させることで、聞き手の準備状態を整える、そんな機能を果たしている可能性がある。つまり、合奏のように協調した食事を進めてきた両者は、ここから別のリズムあるいはフレーズでのやりとりになることを、適切な形式で示される必要があるのかもしれない。そしてここでは強い刺激で注意を喚起し、ロゴスに依って確認を得る手続きではなく、身体距離を縮め、声を低めることで利用者が自ら注意を向ける状況を作る、そのような形式が適切なのである。通常私たちが「内緒だけど」と声をひそめ、耳うちするその瞬間に、話し手と聞き手、二人の空間が一気に収縮し、本音を共有した親密さを感じあう、あの様子を想像してほしい。

看護知識のある介護者は、モデルがやってみせる看護行為のどこを見るべきかが分かる、すなわち視覚情報に対して状況限定ができることを示す実験研究がある（斉藤 2002）。切れ目のないように見える一連のやりとりを区切り、「形」をとらえ、情報内容を補完しつつ意味的なまとまりを与えていくこと。ことばのやりとりの中でそれを行うことが不得手な利用者にとっては、その「形」を縁取る情報の肌理は重要な手がかりと言えるかもしれない。

介護において身体に気づくための心理ツール——まとめにかえて

ところで、ここまで論じてきたことの真実性について、また他のケースに合致するかどうかについて、検証することは本稿ではできない。ここでは、介護において利用者の身体の役割をとらえ情報としていくための指針を、心理学的な「ツール」として示すことで、結論の代わりとしたい。

（1）ノエマ指数を意識する――介助例1、2の介助場面の観察（185ページ）に関して、ある方からこんな感想をいただいた。「知的障害者を対象に絵画指導のボランティアをしてきた。これまで思い通りに運ばないことにいらいらしていたが、今では、『絵画は食事よりノエマ指数が高い』などと勝手に造語して、展開を楽しんでいる」。介助のかかわりにおいては、思い通りに展開しない、いわば下手なやりとりにこそ新たな気づきの可能性が含まれている。介助者の志向に対して利用者の身体が示す多様な可能性。それに気づき拡げていくために、かかわりの場のノエマ指数を意識してはどうだろう。

（2）内緒話でそっと触れる――意思疎通の困難な方との意思確認のやりとりでは、通常の「質問－応答」コミュニケーションの形式が成立するまで、近傍で集中して観察しながら粘り強く声をかけていく方法もあるが、少し離れたところから近づき、そっと語りかける形もある。そのリアリティは、情報の肌理にある可能性が高い。通常はゆったりと空間をとる、内緒話の要領で語りかけ、また引いて反応を待つ。このやわらかい情報の肌理が利用者に届いたなら、そこで生まれるだろう小さな反応を、両者で確認できるように声に出して増幅することも重要である。

（3）かかわりの多様性と収束――介助のかかわりの中で、上記のように利用者の新たな可能性に気づき、多様性を肯定していくことは重要な取り組みだが、場合によっては不適切なかかわり方（たとえば、健康を害す）ということもある。適切な可能性をピックアップし、強化していくプログラムを検討していくことも必要だろう。ただし、これは本稿の範囲を越えるものであり、今後の課題としたい。

たとえば、ミンデル（2002）は、昏睡状態の人と対話するかかわり方であるコーマワークを提唱しており、本稿との共通点もある。しかしここでは、あくまで利用者の身体に気づき介助の可能性を拓いていくための手がかりとして、これらのツールを提案する。

コラム7 抱き

発達の初期において、授乳、なぐさめ、運搬、コミュニケーションといったさまざまな行為がしばしば「抱き」を介して実行される。したがって、「抱き」は母子という基本的二者関係において、さまざまな行動を媒介する重要なシステムと言える。こうした「抱き」という行為の重要性にもかかわらず、「抱き」とはどのような行為であるかといった基本的かつ根本的な問題は検討されていない。従来は、文化、集団レベルでみれば左側で抱くことが多い（多いといっても概ね6割ほどだが）という左抱きの優位性の確認と、その原因を究明する類いの研究に偏重している。しかし、「抱き」がどういった行為であるか、すなわちその構造が明らかにされることなく、いたずらに左抱きの優位性の「原因」を探究したところで、その妥当な答えに辿り着くことは困難だろう。このような問題意識から、筆者は以下のような独自の視点で「抱き」を検討してきた。

（1）抱きにおける子どもの能動性　「抱き」という行為は、「母親が子どもを抱く」ということばに現れているように、母親が子どもに対してする一方向的な母親行動のようにとらえられている。したがって、子どもの代わりに人形を抱かせるようなグロテスクな研究も平然と行われてきた。しかし、実際に母子間の抱きを観察していると、子どもも抱きの成立・維持に能動的に貢献しており、それは発達とともに増加することが明らかになっている（西條・根ヶ山 2001a）。このことから、抱きは母子の相互行為から成り立っていると考えるべきだろう。

（2）能動－受動の不可分性：身体間アフォーダンス　さらに、突き詰めれば子どもが能動的な行動を行っていない場合を想定したとしても、触るという行為が同時に触られることと不可分な関係であることを考えれば、抱くということもまた抱かれるということと不可分なはずである。すなわち、「抱き」という行為は、能動 - 受動が不可分な行為であり、それに焦点化することによって、従来の伝達応答システムとは異なる母子システムのありようをとらえることも可能となる。実際にこのような観点から、西條と根ヶ山（2001a）は、子どもの首がすわるといった身体的変化が母親の縦抱きをアフォードしている可能性を示唆している。

（3）ダイナミックシステムズアプローチの適用　（1）（2）のような視点を踏まえ、西條（2002）は、「抱き」を母子双方が織りなし、ダイナミックに変化する一つのシステムとしてとらえるために、16組の母子の縦断データに対して、最新の発達理論、ダイナミックシステムズアプローチ（Thelen & Smith 1998）を適用した。その結果、横抱きから縦抱きへの移行は、以下の二つのプロセスを経て生起することが明らかとなった。（1）乳児が抵抗を示しはじめると、母親は、緩やかな間主観的な解釈を媒介として、乳児が安定する抱き方を探索し、その結果「抵抗」の収まる縦抱きに収斂する。（2）乳児の首すわりといった身体情報が母親に縦抱きをアフォードする。すなわち、「抱き」は、母子の相互作用を通して一定の方向へ自己組織化していく行為であることが示されたのである。

（4）求心－遠心の両側面から検討する必要性　さらに、抱きの成立・維持といった求心的側面のみならず、その遠心的側面、すなわち子が親に抱かれなくなっていく過程を「離抱」と名づけ、その発達的検討を行ってきた（西條 2001b）。その結果、「離抱」は、子どもの身長、体重の増加、また、抱きから降りたがる「抱降行動」などの身体レベルの影響により促進されることが明らかとなった。

以上のように、「抱き」を単なる母親行動やアタッチメント行動の一つとしてとらえるのではなく、母子が織りなすシステムとしてとらえたならば、新たな母子関係像が浮かび上がってくる可能性を秘めた、豊かな現象としてとらえ直すことが可能となるのである。

10章 虐待する

はじめに

子どもの虐待という現象が社会問題化するにともない、福祉、医療、保健、司法などの諸領域において適切な対応を講ずることが急務となった。1990年以降、この問題への対応はある程度の進捗を見せてはいるものの、いまだ多くの課題を残している。そうした諸課題のうちで、最重要とされるもののひとつに、虐待傾向を示す親への援助がある。こうした援助を可能とするためには、親などの養育者が自分の子どもを虐待するにいたる要因を適切に理解することが必要となる。従来、こうした理解は、臨床心理的な観点や精神医学的な視点からの試みが多くなされてきているが、本章の目的は、「身体」という別の角度から虐待という現象をとらえ直してみることにある。

しかしながら残念なことに、筆者は虐待を受けた子どものケアや虐待をしてしまう親などの心理的援助に日々追われる一臨床家であり、上述の目的を遂行できるような「行動学的」な素養を十分には持ち合わせていない。そこで、まず、虐待をしてしまう親の特徴を、従来の臨床心理学的研究や心理臨床経験からもたらされた知見にもとづき、いくつかのタイプに分類して記述し、そのうえで、こうした親に見られる問題を「身体」という観点から再度とらえ直すという作業に取り組んでみたい。

虐待をしてしまう親の特徴

虐待の世代間伝達現象

子どもへの虐待という現象はさまざまな要因が複合して生じるものであり、決して、単一の要因から導かれるものではない。経済的問題、夫婦関係の問題、アルコール・薬物依存、家族における暴力の連鎖、さまざまな社会的問題など、子どもへの虐待を結果する要因は実にさまざまである。

こうした諸要因のうちで、ここではまず、いわゆる〈虐待の世代間伝達〉と呼ばれる現象を扱う。この問題を最初に扱う理由は二つある。一つには、子どもへの虐待が意識され始めた１９６０年代以降、まず問題にされたのが親自身の被虐待体験であったという歴史的経過を重視してのことである。そして今ひとつは実践的理由である。確かに、虐待にいたる経過はさまざまな要因によってもたらされるが、子どもの福祉や保健をになう実践現場で最も苦慮しているのは、自身が虐待されて育ち、自分の子どもを虐待してしまう親や家族への対応である。こうした理由から、ここではまず世代間伝達の問題を扱う。

虐待を受けて育ったものが自分の子どもを虐待するようになるという知見は、虐待という問題が意識され始めた１９６０年代から見られる。特に、１９７０年代中ごろまでは１００％そうであると考えられていた（Steele & Pollock 1974）。今日では、虐待を受けて育った人で自分の子どもを虐待するようになるのは30％程度だとされているが（Kaufman & Ziegler 1987）、当時、こうした考えが主流であったのは、おそらく、「親（当時は特に母親の暴力に注意が集まっていた）が自らの子どもに暴力を振るうはずがない。そんな親がいたとしたらきわめて特殊な要因を抱えているに違いない」という考えにとらわれていた研究者や臨床家たちにとって、この虐待の世代間伝達という概念はかなり魅力的であったことによるものであろう。

しかし、研究の進展や臨床例の積み上げによって、そうではないことが次第に明らかとなった。虐待を受けた子どもの長期予後をフォローしたイェール大学の研究は、虐待を受けた子どもたちがその成長の経過で自分の子どもを虐待する割合は、半数にも満たない30％程度であるとの結果を示したのである。

また、虐待を生じた親たちを対象とした遡及的研究では、子どもを虐待した親のうちで、子どもの頃に自分の親から虐待を受けたと報告したのは全体の30～40％にすぎないことが示された（児童虐待調査研究会 1985）。つまり、虐待を受けるという体験なしに、自分の子どもを虐待してしまう親が過半数だということになる（もちろん、遡及的研究では、現在の自分が虐待状況にあることによって、過去についての報告にバイアスがかかると考えられることから、こうした結果の解釈には慎重でなければならない)。

このように述べると、虐待を生じてしまう親の理解や援助について考える場合、自分自身の被虐待体験はあまり重要な意味をもっていないかのような印象を与えるかもしれない。しかし、それは事実ではない。半数を超えないとはいえ、虐待を受けて育ち自分の子どもを虐待する親の数は決して少なくない。さらに、いわゆる「病態水準」が重く、援助が困難であると言われる親には、こうした世代間伝達という特徴を示すものが少なくない。したがって、自らが虐待を受けて育ち子どもを虐待してしまった人の精神的側面の理解は、虐待傾向のある親への心理的援助の中核をなすと言っても過言ではない。

虐待傾向を有する親の子どもに対する認知の歪曲

虐待傾向のある親には、子どもに対する認知の歪みが見られることが多い。こうした親に比較的共通して見られやすい認知の歪みを、ジャスティスとジャスティス(Justice & Justice 1990)は以下のようにまとめている。

・子どもが泣いたり、いたずらをしたり、自分の思い通りに動いてくれないのは、子どもが自分のことを愛してないからで、自分がよくない親であることを意味するのだ。

・私が何を必要としているのか、何をしてほしいのかを、自分の子どもなのだから言わなくても分かって当然だ。
・私が子どもの頃に自分の親を気遣ったのと同じように、子どもは私のことを気遣うべきだ。
・私が子どもに何かをお願いしなければならないとしたら、それは私が子どもにとって重要な存在ではないことを意味する。

こうした特徴を、ジャスティスとジャスティスは西洋社会での臨床体験にもとづいて記述しているわけだが、筆者の経験では、わが国においても、虐待傾向のある親たちにはこういった認知傾向が見られるようである。これらの認知が子どもに対する過剰な期待を生み、それが満たされないことから親の側に裏切られ感や見捨てられ感が生まれ、その結果、子どもに対する激しい怒りや攻撃性が生じると考えられる。

こういった認知の歪みは、親自身の生活史における経験が関与していることが多い。たとえば、「私が子どもの頃に自分の親を気遣ったのと同じように、子どもは私のことを気遣うべきだ」といったことばは、そのことを直接反映している。また、親からの虐待という体験が関与していることも少なくない。

虐待傾向を示す親のタイプ分類

子どもへの虐待が社会的関心事となった１９６０年代以降、研究者や臨床家などの専門家の関心をまず集めたのが、どういった「特殊な」親が自分の子どもに暴力を振るうのか、ということであったことはすでに述べた。研究者の多くは、いわゆる『虐待性人格障害』(abusive personality disorder) なるものの想定し、その特徴の同定にやっきになった。しかし、虐待を生じる親に共通した臨床像なるものは得られず、虐待傾向を示す親にはさまざまなタイプが見られることが、その後の研究や臨床の積み上げによって明らかとなった。虐待傾向を示す親への援助を考える場合には、こうしたタイプを考慮に入れる必要がある。ここでは、それぞれのタイプの特徴を、特に心理的・精神的側面に焦点を当てて概説する。なお、ここでは、ジョーンズ (Jones 1987) や坂井 (1998) の研究をもとに、筆者の臨床経験を加味して、虐待傾向のある親を七つのタイプに分けて整理する。

タイプ１　育児不安型

育児不安がベースとなって子どもへの暴力を生じたタイプである。筆者は、子育てへの没入とエネルギーの枯渇がもとになって生じる『口唇期型育児不安』(０～２歳) と、子どもの行動のコントロールに強迫的になることによる『肛門期型育児不安』(１～３歳) とに大別して整理している。

育児不安型の虐待を生じる親（以下、親という記述は、原則的に母親を指すものとする。これは、「虐待傾向は母親に生じやすい」ことを意味するものではない。わが国の育児構造が、いまだに性別役割分業によって育児を母親の役割としていることによるものである）の多くは、夫からの十分な育児協力を得られていない、もしくは十分な育児協力を得られているとは感じていない。また、社会的・精神的な孤立傾向が見られることも少なくない。

こうしたタイプの親への援助については、従来のカウンセリング・モデル、つまり親としての大変さ、サポートを与えてくれない夫への不満や怒りに対する共感的理解、これまで大変ななかでよく頑張ってきたことに対する肯定的評価の提供を中心としたカウンセリング的アプローチがある程度有効であると考えられる。

また、夫婦関係の調整や育児グループなどの社会的資源への橋渡しなどのソーシャルワーク的アプローチも有効に機能しやすいと考えられる。

タイプ2　完全主義的養育態度

完全主義傾向が強く、育児を「完璧」に行おうとする親が、「完璧」を阻害する子どもに対して怒りをもち攻撃してしまうというタイプである。いわゆる『母性神話』につかまっている親が多いように思われる。また、「外での仕事では、うまくやれば評価されたのに、育児は『うまくできて当たり前』と評価されない」と述べる親もおり、育児が肯定的な自己評価の維持にならないことに対する欲求不満がうかがわれる。

こうしたタイプの親に対しては、前述の傾聴・共感を中心としたカウンセリングに加え、自身の完全主義傾向や『母性神話』への捉われに関する洞察を導くような援助が有効になることもある。

また、子どもが思い通りにならないこと、育児が社会的リワードの得られない仕事であることなどを共感しシェアできるような親のグループへの参加も有効であろう。

タイプ3　愛情欠如型

このタイプの親は、「子どもへの嫌悪感」や「子どもの依存性に対する拒否感」を示すことが多い。「この子が生まれてこのかた、一度もかわいいと思ったことがない」「子どもは汚くてもともと嫌いだった。それではいけないと思い、自分の子どもをもてば変われるかもと思ったけど、『子ども嫌い』は変わらないどころか、もっと強くなった」などと述べる親たちがいる。こうした子どもへの嫌悪感や拒否感の由来はケース・バイ・ケースであり、なかには、自分自身が子どもの頃に親から拒否されたと感じているなど、自身の生育歴が関連していると考えられるケースもあるが、一方でまったく不明なものもある。また、こうした嫌悪感を示す親の中には、子どものさまざまな身体的特徴（たとえば身体が「プヨプヨ」しているなど）に対して否定的な感情を抱くものがおり、この点に関しては、本稿の主たるテーマとして後述する。

このタイプの親に対しては、育児技術を教えるという〈心理教育的アプローチ〉が部分的に有効である場合がある。適切な育児技術を身につけることによって育児の負担が低減し、その結果、子どもに対する拒否感や嫌悪感が幾分軽減される場合がある。一方で、こうした育児技術の提供に対して、「私はそんなふうに大切にされなかった。なのにどうしてこの子にそんなふうにしてあげねばならないのか」といった具合に、子どもへの拒否感が育児技術の習得を阻害するケースもある。

また、拒否感や嫌悪感そのものへのアプローチの多くは、「親自身のトラウマへのアプローチ」を必要とすると考えられるが、今のところその方法論・技術論は明確になっていない。

タイプ4　暴力的衝動に対するコントロールの不足・欠如型

このタイプは、他のものと違って父親に多く見られる。暴力的な衝動に対するコントロールが、子どもに対してのみならず全般的に低下しており、暴力的な行動化が、家族内に限らず、さまざまな人間関係において認められる。

こうしたコントロール障害がどのような経過で生じたのかについては、おそらく生育歴との関連（きわめて暴力的な家庭で育つなど）が想定されるものの、こうした人から詳しく生育歴を聞き取ったり内省にもとづいた記述を得たりといった作業が困難であるため、心理力動についての分析・考察はほとんどできていない。

したがって、当然のことながら、このタイプの親に対する心理的な援助に関して、方法論や技術論は明確になっていない。また、多くの場合、暴力が妻にも向けられており、虐待を行っていない母親による子どもの保護機能も期待できないケースが多い。今のところ、子どもの安全の確保を中心に考え、多くの場合には親からの分離・養育が援助の基本となる。また、暴力被害が妻にも及んでいる場合には、いわゆる『DV家庭』への援助アプローチを考慮に入れる必要がある（DVと子どもの虐待の『合併率』は30～40％程度であると考えられている）。

タイプ5　未熟型

時として「子どもが子どもを産んだ」といった言われ方をするようなケースで、親が心理的・精神的に〈親性〉を獲得できる準備が整っていないうちに生物的に親になったといったタイプである。親が、子どもとしての依存性が十分に満たされないような生育環境に育った結果、依存欲求や愛情欲求が未充足なままでパートナーを得て子どもをもうけたような場合が多い。

多くの場合、若年結婚・若年出産である。結婚の高年齢化傾向が指摘されているが、その影では、非常に若くして結婚・出産する人が増えているように思われる（ここでは、事実婚、届出婚の区別はしていない。このタイプでは事実婚が全体の平均よりも多くなると考えられるが、そのために公式の統計には反映されないのかもしれない）。こうした親たちは、自分の原家族に対して欲求不満を抱えており（たとえばアルコール症家族であったり、自身が虐待を経験していたりなど）、その「子どもとしての愛情欲求の充足」を求めて結婚する傾向がある。また、自分が得られなかったものを自分の子どもに与えることで代理的満足を求める傾向がうかがわれる場合もある。そのため、精神的に「親になること」が非常に困難であると言える。

こうしたタイプの親に対しては、「親になること」の準備を整えていくような援助が必要となり、それまでの間は、子どもを分離して養育するというケースワークが中心となることが多い。こうした親性を育むための援助のあり方はいまだ明確にされてはいない。一部、児童養護施設など子どもの養育にあたっている機関が、親に対して心理教育的なかかわりを行うなどの取り組みが見られるものの、体系化されるにはいたっていない。

タイプ6　人格障害

近年、関係機関が援助困難だと感じるような深刻な虐待ケースで、親に何らかの人格障害が認められるという事例が顕著になってきているように思われる（統計的なデータはないが、親の援助にあたっている専門家への聞き取り調査（西澤 2002）では、こうした印象が少なからず見られた）。人格障害の中で、特に問題となるのが境界性人格障害と呼ばれる状態であろう。この境界性人格障害の病因はいまだ明確になっていないが、主として、見捨てられ感への激しい反応を伴う気分障害、再接近期危機の克服の失敗による対象表象の統合不全、そしてトラウマ性の人格障害という説明がされている（Kroll 1993）。このうち、トラウマ性の人格障害とは、虐待を受けて育つなど、子どもの頃の慢性的なトラウマ性の体験によって人格の発達が歪められたとするものである。実際に、深刻な虐待傾向を示す親で、境界性人格障害との診断を受けているものの多くは自身が虐待を受けて育っており、トラウマ性人格障害という考え方を支持するように思われる。

境界性人格障害の精神療法・心理療法の方法論は定まっておらず、治療・援助はきわめて困難であるとされている。心理療法的技法としては強い枠の設定、強力な限界設定、関係・責任の明確化、行動化の制限、現実検討の改善を中心としたかかわりなどが重要だと言われている。

境界性人格障害をトラウマ性のものだと理解するなら、理論的には、心理療法の主たるテーマはそのトラウマからの回復ということになる。しかしこうした心理療法はきわめて困難であり、今のところは、子どもの安全の確保を最優先の課題とし、子どもの分離・養育を中心に援助を提供すべきケースが多いと言えよう。

タイプ7　精神障害

虐待傾向のある親に占める精神障害を有するものの率は一般に考えられているほど高くなく、10％程度であると思われる（ただし、ここでいう「精神障害」とは、統合失調症（精神分裂病）や気分障害などである。これにアルコール依存や不安障害などを含めると、このパーセンテージは当然高くなる）。

精神障害を有する親への援助は、その精神障害の治療が中心になることは言うまでもない。この場合、子どもの分離の判断は、二つの要素を考慮に入れなくてはならない。ひとつは、親の入院治療の必要性であり、今ひとつは親の精神障害が子どもに与える影響の深刻さである。親の治療にとって入院が必要であると判断される場合には、結果的に子どもはその親から分離されることになり、時には児童養護施設などでの養育が必要となることもある。この場合は、『親の治療のための分離』である。また、親の精神障害が、入院が必要とされるほど深刻ではないものの、子どもに与える影響の深刻さから子どもを分離する必要が生じることもある。この場合は、『子どもの援助のための分離』である。ケースワークにおいては、この二つのタイプ――親のための分離と子どものための分離――を混同しないことが重要となる。子どもを保護するために、治療上は必要でないにもかかわらず親を精神病院に入院させるなどといったケースワークの混乱が時折見られるが、こうしたケースワークは破綻する場合が圧倒的に多いことを知っておかねばならない。

子どもの虐待と身体性

これまで、虐待傾向を有する親の特徴を、世代間伝達、子どもに対する認知特性という観点から記述し、さらに、こうした親をいくつかのサブグループに分類して述べてきた。ここでは、そこに「身体性」という別の視点を持ち込んで若干の考察を行うことにする。

ベビーシェーマ（baby scheme）の崩壊

哺乳類の幼体に対して成体が「かわいい」という思いを生じ、あるいは保護行動や養育行動（parenting/care-taking behavior）を起こすのは、たとえば顔の眼の位置などの幼体の身体的特徴にあるとされ、これをベビーシェーマと言う。子どもへの虐待という行為は、こうした本能レベルの反応を押さえ込むほど強い怒りが親に生じたことを意味すると考えることが可能である。あるいは、そうした、通常であれば養育行動を引き出すはずの乳幼児の身体的特徴がかえって親の怒りや攻撃性を引き出してしまっていると考えられるようなケースすら存在する。たとえば、虐待を受けて育った子どもは、自分より幼い子どもや、みんなが大事に育てているペットの小動物に対して激しい攻撃性を示すことが珍しくない。これは、おそらく、「かわいさ」を示すような特徴によって刺激を受けた際に、自分自身がかわいがられなかったという体験やそれに伴うトラウマ性の情緒的反応が惹起されるためであろうと考えられる。先述した、赤ちゃんの「プヨプヨ」した身体的特徴が受け入れられず、嫌悪感を生じてしまうような親の場合も、これと類似した問題であると考えられよう。

このように、虐待という行為は、ベビーシェーマとそれに対する保護・養育行動という、いわば本能的レベルの反応を押さえ込んでしまうほど強力なものであると言うことができよう。

身体的・行動的な特徴に対する誤った認知

ベビーシェーマの崩壊と類似するものとして、身体的・行動的な特徴に対する誤った認知が、虐待傾向のある親に認められる場合がある。虐待と認知の歪みとの関係については前述したとおりであるが、そこで触れなかったことの一つに、子どもの表情に親、つまり自分自身に対する否定的な感情を見るという特徴がある。子どもを折檻死させてしまった親について分析した池田（1987）は、自分を馬鹿にしたような眼で見たと思ったために逆上して2歳の子どもを死なせてしまった親などの例を記述している。また、一般の成人にはリラックスした反応を生じさせるような子どもの笑顔やしぐさに対して、虐待傾向のある成人には過剰な緊張の存在を示す生理的指標が有意に高く見られたという報告（Frodl 1979）もある。このように、本来はありえないはずの親に対する敵意や悪意を子どもの表情に認知してしまい、それが子どもへの怒り、ひいては攻撃的行動を惹起する場合があると言えよう。

前述のベビーシェーマとの関連とともに、表情に対する否定的な認知の出現という問題は、筆者の知る限りでは、従来、あまり検討されてこなかったように思う。虐待を生じる親に適切な援助を行うためには、まず、虐待発生のメカニズムを明らかにする必要があるが、これまで述べてきたような特徴への注目は、行動学や比較行動学がその領域で貢献できる可能性を示唆するのではないだろうか。

身体の支配

「虐待」の原語は“abuse”であり、本来は「正しくない使い方」「誤った使い方」を意味することばである。したがって、“child abuse”は、「子ども虐待」ではなく、「子ども乱用」と訳すほうが本来の意味に近い（西澤 1998）。子ども乱用とは、親が自分の欲求や要求のため、あるいは精神的な問題の一時的解消のために子どもの存在や子どもとの関係を利用する、あるいは乱用することを意味する。そして、その特徴が最大限に現れるのが性的虐待ではないかと筆者は考えている。

性的虐待には、親などの成人が、自己の性的欲求の満足のために子どもを乱用するという側面があることは明らかであるが、実際には、性的欲求よりも、むしろ子どもに対する支配の欲求のほうが強いのではないかと、筆者は日頃の臨床経験から考えている。子どもの身体を完全に支配し、その結果、おそらくは最大のタブーである子どもとの性的行為までも可能になったということに、親は満足を覚えるのではないだろうか。性的虐待を行ってしまった親の中には、家族外の社会では非常に無力な存在で、自分の人生や生活をまったくコントロールできていないといった強い無力感を抱いているものが少なくないが、こうした特徴も、性的虐待における「身体の支配」といった側面を支持するように思われる。また、子どもの虐待に次いで社会的な問題となった配偶者間暴力（domestic violence）も、自分のパートナー（多くの場合女性）を完全にコントロール下におこうとする行為であり、その目的を達成する手段として暴力を用いていると考えることが可能である。このように、虐待や配偶者間暴力においては、自己のコントロール感の欠如を、他者の身体を完全に支配することによって補償しようとする力動が存在すると考えられる。

身体的統合性の回復

虐待と身体性の関連について最後に指摘しておきたいのは、虐待という行為に、自己の身体的な統合性の回復といった意味が認められる場合があるということである。ある母親は子どもの手のひらを包丁で切ったり、あるいはタバコの火を押し付けて火傷を負わせるといった行為を繰り返していた。

彼女はカウンセリングの過程で、自分自身が幼い頃に母親から手のひらを傷つけられていたという記憶を取り戻した。この記憶がよみがえる以前の彼女は、無意識のうちに、自分が攻撃を受けたのと同じ子どもの身体の部位を傷つけていたわけである。子どもの手のひらを傷つけたときには、なんとも言い表しがたい安堵感があると、この母親は報告している。虐待を受けた子どものプレイセラピーにおいて、自分がされた行為をぬいぐるみを相手に再現するといったプレイが頻繁に見られるが、その中で、親の手によって傷つけられたまさしくその場所を傷つけるといった子どもも少なくない。こうした行為には、自分が受けた行為を克服（mastery）し、身体的な統合性を回復して安心感を回復するといった意味があると考えられているが（西澤 1999）、子どもに対する親の攻撃にも、同様の意味を見ることが可能かもしれない。このように、子どもへの虐待という行為には、自己の身体的統合性の回復といった意味があるのかもしれない。

おわりに

本章では、虐待傾向のある親の特徴を臨床心理学的観点から整理したうえで、身体性に注目して行動学的な視点をもって若干の考察を試みた。前述したように、筆者の限られた行動学的素養でははなはだ心もとない限りではあるが、いくつかの点で、行動学や比較行動学の知見が、子どもを虐待してしまう親の心理の解明に寄与できる可能性があることを示唆できたのではないかと思う。虐待傾向のある親の心理・精神状況については、いまだ明確になっていないことが多々存在する。行動学、比較行動学といった領域がその解明になにがしかの寄与ができうるという可能性は、臨床の領域で悪戦苦闘を続けている研究者や臨床家にとって、数少ない明るい材料の一つかもしれない。

コラム8 遊び・ケンカ

遊びの身体性

「遊び」は心理・発達的、経済・歴史・文化的、進化・行動学的という広範囲の関心から接近が試みられてきた。それでも、「なぜ遊ぶか」に明確な解答を得るのは難しいが、挑戦をあきらめてはならない。

社会生活を送るヒトや動物にとって、遊びは社会関係を成立させるための訓練の場になっている。ところで、一見逆の社会関係である遊びとケンカは、その行動においてとても似かよっている。しかし似ているがゆえに、それは反発的関係と親和的関係の微妙な違いを認識するためにとても役立っているようだ。その認識過程そのものが社会化であると言ってもよい。そしてその過程は遊びの身体性のうえに成り立つ、すなわち身体と身体のぶつかり合いによってはじめて身につくものであると言える。

遊びとイジメの境界線

「わんぱく遊び」は、rough and tumble play とか wrestling play と称される遊びだが、まさに play fight がぴったりの名称だ。スミス（Smith 1997）は、子どもに play fight と real fight のビデオを見せて、どちらと思うかを判断させた。その課題は、小学生にとってもやさしいものではないが、おもしろいことに教師や校庭を監視する母親たちにとってはさらに難しく、遊びをケンカと判断してしまう割合が子どもよりもずっと多いのである。つまり、身体的マーカーにおいてはきわめて似ているために、常に曖昧さが残り、認知する側の「解釈」に依存してしまうことを意味している。

しかしながら、子どもならすべてうまくいくというわけでもない。ボウルトンとスミスは、8歳と11歳のクラスでソシオメトリック調査を行った。そして、その結果と同時に生徒たちにやってもらった遊び判定テスト、すなわち play fight と real fight をどの程度正確に見分けることができるかを調べた結果との関連を報告している（Boulton & Smith 1997）。それによると、いずれの年齢クラスでも、クラスで人気のある、もしくは平均的な子どもに比べて、拒否されている、もしくは無視されている子どもたちのほうが、より頻繁にその課題に失敗している、つまり real fight と play fight を見分けることが難しいことが示された。クラスの子から拒否されやすい子は、おそらくは乱暴だとかケンカ早いという印象をもたれている子であろうが、実は、彼らは遊びの認知が多少未熟で、遊びとケンカを混同しやすいのである。そのためによけいにケンカに巻き込まれやすく、イジメっ子やイジメられっ子になってしまうのかもしれない。

それではいったい実生活でうまく遊んでいる子どもは、どうやって「これが遊びだ」と言える身体的マーカーを見つけているのだろうか。

遊びというリズム

弛緩した表情やゼスチャー、大げさな動作、無意味な行動連鎖、これらの属性が、個々の動作を遊びの身体的マーカーにすると考えられてきた。ベイトソンが言うメタコミュニケーション機能である。しかし、それらが相手に確実に遊びの雰囲気を伝えるとは限らないことは、右記の研究を見れば明らかである。少なくとも第三者には伝わりにくい。ところが、当事者たちは、それほどの困難もなしに遊びを成立させているのである。

何が「遊び」を伝えるのだろう。サルやヒトの子どもを長年観察してきてもなかなかそれを言い表すのは難しい。記述になじまないのかもしれない。それは一種のリズムであって、細かく定義のできる動作ではないように思う。リズムは双方の接近・回避に現れるし、ことばのやりとりや身体接触中に交わされる筋肉の緊張と弛緩の中にも存在するだろう。それがまさに、遊びの「雰囲気」をかもし出すのだ。リズムという「場」のもつ快刺激が、子どもたちを遊びに引き込む力になるのである。そのリズム感覚は、身体的遊びそのものを通して鍛えられていくと考えられる。まさに身体感覚と言えるものかもしれない。このリズムが作り出す「場」の研究が、今後の遊び研究に必要となってくるであろう。

おわりに

発達を理解するうえで、身体がいかに新鮮な独立変数であるか。「はじめに」で謳ったその具体的な内容は、もちろんそれぞれの章をお読みいただくしかない。しかし、編者の当初の予想を超える魅力的な論考が集まったのではないか、と自負している。

その情報量は豊かなものであり、簡単なまとめによってその多様性を無理に収束させることは困難であるばかりでなく、有意義な作業とはいえないだろう。そこで、ここではこころを介して発達を捉えることと比較して、身体を介することによって見出されてくる二つの問題系に目を配りながら、今後の発達研究への展望をのべることにしたい。

その一つは、身体の安定をめぐる問題である。きわめて素朴に、身体はこころよりも具体的で安定した存在であると認識される。私たちは一般的に、自分の身体であれ、他者の身体であれ、安定的な見えと実在を期待している。このことは、その変化が観察者と当事者にあたえる心理的影響の大きさから逆に推し量ることもできる。自分の頭に初めてみつけた白髪に、久しぶりにあった知人のウエストの太さに、あるいは化粧や服装を大きく変えた子どもの姿に、私たちは違和感をもち、不安を感じ、とまどい、あるいはそれを歓びとともに迎える。

身体の〈移行〉は、そのような不安や衝撃を他者との共同性のなかに安定させる過程であり、そこにさまざまな「文化」的装置の働きをみることができる。逆にその装置に着目して、衣服の着脱による身体の見えの変化が〈羞恥〉心を発生させる様が、また、物の与奪の構造化を通して「文化」を〈伝達〉する仕組みが本書では提出される。

身体の安定への希求（と変化への対応）をめぐり、社会や文化が介入し、そこに発達が成立する。この問題系は、本書では「見え」に限定されず、住まう者の街への期待を生み出す源泉として、環境と不適合を起こす事故場面において、自助具への素朴な前提として、あるいは所有やアタッチメントやジェンダーの基礎単位として繰り返し見出される。ここからさらに、身体を介して理解すべき発達の残された大きな問題として、例えば病気、障害、老いといったテーマがあることも見通すことができるだろう。

第二の問題系は、身体が発する信号とその知覚をめぐるものといえる。従来の心理学では、いわゆる非言語コミュニケーションについては多くの研究成果がある。しかし、本書ではより身体に焦点化する中で、〈身体産生物〉、匂い、触覚や空間距離の変動、攻撃、胎動、授乳、抱き、など身体を始原とする多様な刺激を取り上げる。このことによって、かかわりにおける相互交渉のあり様の従来の記述はリバイズされ、あらたに、より具体的な関係が見出されることになる。言語が意味を負い、結果として伝達により重みがおかれるのにくらべれば、本書で取り上げる信号の知覚は、身体的なかかわりの中で〈構成〉され、あるいは〈共有〉されることにその本質がある。

これらの刺激と関係性への注目は、その具体性ゆえに、実践的な介入やその基礎研究のための重要な手がかりになると予想される。育児や介護のさまざまな場面で、あるいは抱きや虐待といったより特化した行動において、その方向性が提示される。また一方で、測定段階での操作的定義を必要としないこれらの刺激への注目は、「生涯発達や文化比較を単一の物差しによって測りうる可能性」（2章、35ページ）を開くものともいえるのである。

ただし、これらの問題系について、ひとつ考慮しておくべき点があるように思う。いわば逆転の構図になるが、身体を発達、つまり時間の流れからみる可能性についてである。このとき、私たちの素朴な理解とは異なり、身体は潜在性にとけこみ不安定な存在となる。

幼い子どもと親の身体接触を考えてみよう。その感覚は両者に心地よさを感じさせ、ポジティヴな情動とともに、相互に対して好感情を向ける。このような親子の間身体的、間主観的なあり様は、その後の良好な親子関係を展開する「ちから」であり、そのような展開の確率は高い。しかし、あらわれる身体の「かたち」の全てではないのである。身体の、ある時間の流れを現在という一点の断面で記述し、次の時点とつないで原因―結果のようにみせることはできる。しかし、接触に影響する他の要因が存在すれば、別の道筋や結果が生まれることも容易に想像できる。例えば本書では、虐待の関係にある親子では、子どもの身体情報が親に否定的なニュアンスを伝え、さらに虐待を生み出す展開について述べられている。

抱きの形が決まるプロセスにはいくつもの道筋があること、靴下をはく行為はさまざまに組織され新たな環境に出会い続けること、公共性が高い銭湯は利用されやすいが、福祉施設の風呂を利用する人もいること。身体の示す「かたち」には多様なバリアントがあることが本書で繰り返し語られている。

ここで、ドゥルーズ（檜垣 2002）にならい、身体を唯一の原点とみなす理解の枠組みを離れ、いのちを紡ぐべく時間の流れの中で新しい「かたち」を再構成しつづけるものこそが身体であり、その過程が発達であると捉えなおしてみてはどうだろうか。発達と身体の出会いにおいて付与された最大の特徴、それはその過程に「生命」を改めて見出したことであり、それゆえ身体は時間の流れの中で多様に構成される。「生命活動の中で、さまざまな〈かたち〉が身体の〈ちから〉に潜在している」。かくして、本書においては三つめの問題系、すなわち身体＝個人という制約を離れ、衣食住や親や介護者に対して開かれてこそ存在しうる、そこに多様性が展開するという実体が見えてくるのである。

実はこれは、「衣食住とのかかわり」という本書の章構成そのものである。ただし、先のような身体の捉えかたにおいては、あらたな方法論の必要性が浮上する。それは（ドゥルーズを導入した時点で当然ながら）、カオス、自己組織化、オートポイエシス、内部観測といったシステム論との親和性のあるものになるだろう。多様な刺激をもつ物理、社会・文化、対人的環境の中で、身体が立ちあわれるその瞬間、つまり発達過程そのものを観察する作業、これを戦略的につみかさね、そこに強く影響する要因を組織的に記述、ストックしていくなかで、「身体の理論（theory of body）」へと漸近していく。本書においてさまざまな側面で描かれた、身体が疎外される状況に対して、人間科学が提示する一つの戦略がそこにあるのではないだろうか。

その魁になることを祈りつつ。

２００３年３月

国立精神・神経センター　川野　健治

早稲田大学　根ヶ山光一

新曜社

身体から発達を問う

衣食住のなかのからだとこころ

初版第1刷発行　2003年3月25日©

編著者　根ヶ山光一
　　　　川野　健治

発行者　堀江　洪

発行所　株式会社 新曜社
〒101-0051　東京都千代田区神田神保町2-10
電話 03-3264-4973 (代)・Fax 03-3239-2958
e-mail info@shin-yo-sha.co.jp
URL http://www.shin-yo-sha.co.jp/

印刷　銀　河　　Printed in Japan
製本　明光社
ISBN4-7885-0846-X C1011

根ヶ山多嘉子（ねがやま　たかこ）〈コラム4〉
大阪大学大学院博士課程単位取得退学。現在、跡見学園女子大学非常勤講師。専門は、比較発達心理学。

岡本依子（おかもと　よりこ）〈コラム5〉
東京都立大学博士課程単位取得満期退学。現在、湘北短期大学保育学科講師。専門は、発達心理学、母子コミュニケーションの発達。
主な著書・論文に、『カタログ 現場心理学』（共著、金子書房、2001）、「胎動に対する語りにみられる妊娠期の主観的な母子関係」（共著、『発達心理学研究』印刷中）、「母子コミュニケーションにおける母親による子どもの代弁」（『東京都立大学人文学報』307、2000）がある。

近藤清美（こんどう　きよみ）〈コラム6〉
大阪大学大学院人間科学研究科博士課程修了、学術博士、臨床心理士。現在、北海道医療大学心理科学部教授。専門は、発達心理学・臨床心理学。
主な著書に、『社会性の比較発達心理学』（共著、アートアンドブレーン、2001）、『子別れの心理学』（共著、福村出版、1995）、『社会・情動発達とその支援』（共著、ミネルヴァ書房、2002）がある。

西條剛央（さいじょう　たけお）〈コラム7〉
早稲田大学人間科学研究科修士課程修了。現在、日本学術振興会特別研究員。専門は、発達心理学。
主な論文に、「母子間の『横抱き』から『縦抱き』への移行に関する縦断的研究」（『発達心理学研究』2、2002）、「『構造構成的質的心理学』の構築」（『質的心理学研究』2、2003）、「人間科学の再構築？」（『ヒューマンサイエンスリサーチ』11、2002）がある。

小山高正（こやま　たかまさ）〈コラム8〉
大阪大学大学院文学研究科博士課程満期退学、文学修士。現在、日本女子大学・人間社会学部教授。専門は、比較発達心理学、霊長類学。
主な著書に、『遊びの発達学〈基礎編〉』（培風館、1996）、『社会性の比較発達心理学』（アートアンドブレーン、2001）、訳書『考えるサル』（リチャード・バーン著、大月書店、1998）がある。

主な論文に、Axillary pheromones modulate pulsatile LH secretion in humans.（co-authored, *NeuroReport*, 12, 2001), Effects of 5a-androst-16-en-3a-ol on the pulsatile secretion of luteinizing hormone in human females (*Chem. Senses*, 25, 2000)、「ヒトにおける体臭を介したコミュニケーション」（『味と匂い学会誌』7、２０００）がある。

西澤　哲（にしざわ　さとる）〈10章〉
サンフランシスコ州立大学大学院教育学部カウンセリング学科修士課程修了、Master of Science in Counseling. 現在、大阪大学大学院人間科学研究科助教授。専門は、臨床心理学、ソーシャルワーク（虐待を受けた子どもの心理的援助）。
主な著書に、『子どもの虐待』（誠信書房、１９９４）、『子どものトラウマ』（講談社現代新書、１９９８）、『トラウマの臨床心理学』（金剛出版、１９９９）がある。

吉永和正（よしなが　かずまさ）〈コラム1〉
神戸大学医学部卒業、日本救急医学会指導医。現在、兵庫医科大学救急救命センター副部長。専門は、救急医療。
主な論文に、「兵庫県における薬毒物対応システム整備のための実態調査（第2報）」（『神緑会学術誌』17：７～10、２００１）、「死体腎提供」（『救急医学』24：１８４０～１８４２、２０００）

山本登志哉（やまもと　としや）〈コラム2〉
北京師範大学研究生院発展心理研究所、教育学博士。現在、共愛学園前橋国際大学国際社会学部助教授。専門は、発達心理学・法心理学。
主な著書・論文に、「幼児期に於ける『先占の尊重』原則の形成とその機能」（『教育心理学研究』39、１９９１）、「文化としてのお小遣い」（共著、『日本家政学会誌』51、２０００）、『生み出された物語』（編著、北大路書房、２００３予定）がある。

高橋　綾（たかはし　あや）〈コラム3〉
東京大学大学院教育学研究科博士前期課程修了。現在、東京大学大学院教育学研究科博士後期課程。専門は、生態心理学。
主な著書・論文に、『生態心理学への招待』（共著、北大路書房、２００２）、「『自助具』をつくって」（『発達』ミネルヴァ書房、２００１）、「Ｉくんの麻痺」（東京大学大学院教育学研究科修士論文、２００１）がある。

陳　省仁（ちん　せいじん）〈4章〉
北海道大学教育学部博士後期課程満期退学、教育博士（北海道大学）。現在、北海道大学大学院教育学研究科教授。専門は、乳幼児発達心理学。
主な著書に、『乳幼児の人格形成と母子関係』（共著、東京大学出版会、１９９１）、*Images of Childhood* (co-authored, Lawrence Erlbaum)、『子育ての発達心理学』（共著、同文書院、２００３）がある。

佐々木正人（ささき　まさと）〈5章〉
筑波大学大学院博士課程修了、教育学博士。現在、東京大学大学院情報学環教授。専門は、生態心理学、認知科学。
主な著書に、『アフォーダンス』（岩波科学ライブラリー、１９９４）、『知覚はおわらない』（青土社、２０００）、『アフォーダンスの心理学』（Ｅ・Ｓ・リード著、監修、新曜社、２０００）がある。

余語琢磨（よご　たくま）〈6章〉
早稲田大学大学院文学研究科博士後期課程単位取得退学、文学修士。現在、自治医科大学看護学部講師。専門は、文化人類学／物質文化論、身体論、技術史研究。
主な著書・論文に、『間主観性の人間科学』（共著、言叢社、１９９９）、「『アトピー』をめぐる病いの語り」（『自治医科大学看護学部紀要』、２００３）がある。

菅野幸恵（すがの　ゆきえ）〈7章〉
白百合女子大学大学院文学研究科博士課程中途退学。現在、白百合女子大学文学部児童文化学科助手。専門は、発達心理学、特に乳幼児期の親子関係、親になるプロセス。
主な著書・論文に、「子どもに対する母親の否定的感情と母親になるプロセス」（共著、『家庭教育研究所紀要』22、２０００）、「母親が子どもをイヤになること」（『発達心理学研究』12：１、２００１）、『心理学におけるフィールド研究の現場』（共著、北大路書房、２００１）

西谷正太（にしたに　しょうた）〈8章、共同執筆〉
成蹊大学工学部工業化学科卒業、工学学士。現在、横浜市立大学大学院医学研究科医科学専攻修士課程。専門は、生理学。

篠原一之（しのはら　かずゆき）〈8章、共同執筆〉
長崎大学医学部卒業、医学博士。現在、長崎大学大学院医歯薬学総合研究科医療科学専攻病態解析・制御学講座神経機能学分野教授。専門は、神経科学。

編著者・執筆者紹介

編著者

根ヶ山光一（ねがやま　こういち）〈2章〉
大阪大学大学院文学研究科博士課程中退、博士（人間科学）。現在、早稲田大学人間科学部教授。専門は、発達行動学。
主な著書に、『発達行動学の視座』（金子書房、２００２）、『子別れの心理学』（共編著、福村出版、１９９５）、『母性と父性の人間科学』（編著、コロナ社、２００１）がある。

川野健治（かわの　けんじ）〈9章〉
東京都立大学大学院人文科学研究科博士課程単位取得中退、文学修士。現在、国立精神・神経センター精神保健研究所成人精神保健部心理研究室長。専門は、発達心理学・社会心理学。
主な著書に、『間主観性の人間科学』（共編著、言叢社、１９９９）、『カタログ 現場心理学』（共著、金子書房、２０００）、『心理学におけるフィールド研究の現場』（共著、北大路書房、２００１）がある。

執筆者

菅原健介（すがわら　けんすけ）〈1章〉
東京都立大学大学院人文科学研究科心理学専攻博士課程修了、文学博士。現在、聖心女子大学文学部助教授。専門は、社会心理学、人格心理学。
主な著書に、『人はなぜ恥ずかしがるのか』（サイエンス社、１９９８）がある。

橘　弘志（たちばな　ひろし）〈3章〉
東京大学大学院工学系研究科建築学専攻、博士課程中退、博士（工学）。現在、実践女子大学生活科学部生活環境学科助教授。専門は、建築計画学、高齢者居住環境論、環境行動研究。
主な著書・論文に、『間主観性の人間科学』（共著、言叢社、１９９９）、『講座超高齢社会の福祉工学　高齢者居住環境の評価と計画』（共著、中央法規出版、１９９８）、「地域に展開される高齢者の行動環境に関する研究」（『日本建築学会計画系論文集』４９６、１９９７）がある。

人名索引

◇あ　行

尼ヶ崎彬　189
市岡綾子　40
ヴィゴツキー, L. S.　90
上田照子　179
ウェデキント, K.　170
ウェンシュ, K. L.　24
エリアス, N.　7
大林道子　13
岡本依子　157

◇か　行

カイザー, S. B.　5
カトラー, W.　170
川添裕子　121,130
川野健治　180
木村敏　182
クラウス, M. H.　142
グリーンバーグ, J.　9
ゲイレフ, B. G.　24
ケネル, K. H.　142
ゴールデンバーグ, J. L.　10
ゴールドマン, R. J.　5,6

◇さ　行

サーノック, J.　167
西條剛央　199
坂井聖二　206
坂口哲司　13
佐々木正人　131
サックス, H.　195
澤田昌人　195
ジェンセン, P.　28
ジャスティス, B.　204-5
ジャスティス, R.　204-5
ジョーンズ, D. N.　206
ジョンソン, M.　133
菅原和孝　120,124
鈴木道子　138
鈴木隆　178
スミス, P. K.　219

◇た　行

橘弘志　46
チェン, D.　172
恒吉僚子　153
デュル, H. P.　6-9,11
トーマス, L.　168
トリヴァース, R. L.　23,29

◇な　行

永田久美子　178
中村祥二　171
夏海遊　13
西阪仰　189
西村ユミ　188
根ヶ山光一　23,153,199
野村雅一　127

◇は　行

橋本洋子　148
浜田寿美男　127
ビーチャム, G. K.　24
廣松渉　92
ファン・ヘネップ, A.　123
ブーコック, S.　153
フランク, A. W.　132,133
ブルーナー, J. S.　90
プレティ, J.　170
プローイ, F. X.　145
フロイト, S.　32
ベイトソン, P.　30,220
ベルンシュタイン, N. A.　106ff.
ヘンダーソン, P. W.　24
ボウルトン, M. J.　219
ボウルビィ, J.　175
ポーター, R.　167

◇ま　行

マックラフ, E. A.　17
マックリントック, M. K.　163
マーム, K.　28
マーラー, M. S.　145
ミンデル, A.　198
メネラ, J. A.　24
メルロ゠ポンティ, M.　131,188
モース, M.　119
モリス, D.　11,16

◇や　行

山崎邦郎　170
ヤーロム, M.　138

◇ら　行

ライバック, D.　36
ラペリエール, K.　145
リー, J.　138
リート゠プローイ, H. H.　145
ルイス, M.　18

◇わ　行

鷲田清一　188

事項索引

◇あ　行

愛情欠如型　208
愛着（アタッチメント）　145,148,175-6
遊び　40ff.,218ff.
　——場　40ff.,60
アフォーダンス（アフォード）　143,199-200
育児不安型　206-7
意識の貸し付け　83,90-1
意図遂行型　58-9,61-2
居場所　40,43-4
We の場　52,54
産着　76
ＨＬＡ　168,170
おむつ　77
おもちゃ（玩具）　80ff.,93
親子間の対立　23

◇か　行

下位行為　103
介護者　178-9,187,196
合奏　181ff.
カンガルーケア　148ff.
環境探索型　59-62
玩具　→おもちゃ
完全主義的育児態度　207
基本的生活習慣　31
虐待　179
　——の世代間伝達現象　202ff.
救急医療　69
協応　106ff.,111
共同主観的構造化　93
共同性　123ff.,126,128ff.,133-4
共同注視　73,86ff.
恐怖管理理論　9,10
禁忌　75-6
筋の合唱（シナジー）　109-10
クーイング　90
靴下履き　100ff.
組み換え（行為を構成している組織の）　105
化粧　117
月経周期　163,170
月経不順　169
誤飲　70
行為　109ff.
　——の組織化　100,112
　——のプラン　95-6,100
　——の分化　99-100,103
公共性　62-3
公衆授乳　14
高齢者　39,46,50-1,54-5,58,64-5
高齢者施設　50-1
声の肌理　188-9
固形食　27
個室　84-5
子どもに対する認知の歪曲　204
子どもの匂い　167-8
子ども部屋　84

コミュニケーション　52-4

◇さ　行

参与フレーム　189
市街地（既成の）　40,42,46,55
資源　36
事故　69-71
志向　181,183-4,186
自己組織化　200
次子誕生　154
自助具　113-4
姿勢　194
　——の組織化　104
　——反響　127
視線　7,8,12-4
　性的な——　12
社会的微笑み　87
周産期　75
就寝　153
羞恥心　3ff.
主嗅覚系　160
主体　184
主体性　187
授乳　78ff.
主要組織適合抗原複合体（ＭＨＣ）
　168-9,171
小児救急医療　71
情報の肌理　187,190,195ff.
食　21ff.
食事介助　180ff.,186,190,194-5
鋤鼻嗅覚系　162
所有　91,93
人格障害　211
人工乳　26-7,80
身体：
　——間アフォーダンス　199
　——技法　119
　——産生物　32-3
　——装飾　118
　——的・行動的な特徴に対する
　　誤った認知　214
　——的統合性の回復　216
　——の移行　121ff.,125-6,129,
　　132ff.
　——の型　119
　——の支配　215-6
　——変工　117-8,123
　共振する——　132
　鏡像的な——　133
　強いられる——　132
　数量化された——　133
スキンシップ　142
スワッドリング　77-8
清拭　178
精神障害　212
性的虐待　216
性的刺激管理説　11,16,19
制度化　123ff.,134
They の場　53-4
添い寝　153
組織化（身体化された物体）　92
卒乳　30
素朴心理学　87

◇た　行

大規模団地　40,43,46,55,58
胎教　74
胎児　74,164,166
体臭　171ff.
　——嫌悪　173

胎動　156ff.
ダイナミックアセスメント　30
ダイナミックシステムズアプローチ　199
大脳辺縁系　161
抱き　198ff.
脱衣　17-8
脱身体化　92
タッチケア　149-50
卵割り　96ff.
断乳　30
地域の許容性　54
乳　→母乳
乳房　14-16,137ff.
通過儀礼　123
慎み説　4,5,16
出会い　63-4
低出生体重児　146
デクステリティ（巧みさ）理論　106,110
道具　75

◇な　行

内的ワーキングモデル　175
入浴　50-1
妊娠　22
ヌーディスト　8,13-4
熱傷　70
ノエシス　182
ノエマ　182ff.
——指数　197
ノネナール　171-2

◇は　行

配偶者間暴力　216
排泄　21,31ff.
——物　32-3,35
吐き戻し　27-8
場所の許容性　51-2,54
裸　3ff.
発達の最近接領域　89-90
被服　4-5,16
美容整形　117,121,125,130
ファッション　117
フェロモン　163ff.
不快　144-5
プラン　96,100
文化　78,82,87,90-1,119
——の鋳型　119
分娩　75
閉経　171
ベビーシェーマ　213ff.
暴力的衝動に対するコントロールの不足・欠如型　209
哺乳　23,25-7
母乳　23-4,26,28,31,79-80,165-7

◇ま　行

「まち」　37ff.
——の環境　58
まなざし　126
未熟型　210
無臭志向　173
「むら」　37
メタコミュニケーション　220
物　73ff.,80,83-4,86ff.,95

◇や　行

模倣動作　127
You の場　53-4

ゆるやかな制度（化） 125
羊水 165-6

◇ら 行

リズム 220
離乳 23,27,29ff.,35,124
離抱 200

◇わ 行

わかりあう 187
わんぱく遊び 219

引用文献

1章　覆う・隠す——裸はなぜ恥ずかしいのか

Asahi.com 掲示板 http://boardasahi.com/

Duerr, H. P., 1988, *Nacktheit und Scham. Der Mythos vom Zivilisationsproze*, Band I, Suhrkamp Verlag, Frankfurt am Main.（藤代幸一・三谷尚子（訳）『裸体とはじらいの文化史』文明化の過程の神話Ⅰ　法政大学出版局　1990.）

Duerr, H. P., 1990, *Nacktheit und Scham. Der Mythos vom Zivilisationsproze*, Band II, Suhrkamp Verlag, Frankfurt am Main.（藤代幸一・三谷尚子（訳）『秘めごとの文化史』文明化の過程の神話Ⅱ　法政大学出版局　1994.）

Elias, N., 1939, *Über den Prozess der Zivilisationsprozess*. Suhrkamp Verlag.（赤井慧爾・中村元保・吉田正勝（訳）『文明化の過程（上）——ヨーロッパ上流階級の風俗の変遷』法政大学出版局 1977／波田節夫・中村元保・吉田正勝・溝辺敬一・羽田洋・藤平浩之（訳）『文明化の過程（下）——社会の変遷／文明化の理論のための見取図』法政大学出版局　1978.）

Goldenberg, J. L., McCoy, S. K., Pysczynski, T., Greenberg, J. & Solomon, S., 2000, The body as a source of self-esteem: The effect of mortality salience on identification with one's body, interest in sex, and appearance monitoring. *Journal of Personality and Social Psychology, 79*, 118-130.

Goldenberg, J. L., Pysczynski, T., Greenberg, J., Solomon, S., Kiuck, B., & Cornwell, R., 2001, I am not an animal: mortality salience, disgust, and denial of human creatureliness. *Journal of Experimental Social Psychology*: General 130, 3, 427-435.

Goldman, R. J., & Goldman, J. D., 1981, Children's perception of clothes and nakedness: A cross national study. *Genetic Psychological Monographs, 104*, 163-185.

Greenberg, J., Pyszczynski, T., & Solomon, S. 1986, The cause and consequences of the need for self-esteem: A terror management theory. In: R.F. Baumeister（Ed.）*Public self and private self*. New York: Springer-Verlag, Pp.189-212.

Greenberg, J., Pysczynski, T., Solomon, S., Rosenblatt, A., Veeder, M., Kirkland, S., & Lyon, D., 1990, Evidence for terror management theory II: The effects of

mortality salience reactions to those who threaten or bolster the cultural worldview. *Journal of Personality and Social Psychology, 58*, 308-318.

Horn, M. J. & Gurel, L. M., 1981, *The second skin*. 3rd Eds, Boston: Houghton Mifflin.（藤原康晴・杉村省吾・池本明（訳）『服心理学序説――ファッションと個性』昭和堂　1983.）

Kaiser, S. B., 1985, *The Social Psychology of Clothing and Personal Adornment*. New York: Macmillan.（高木修・神山進（監訳）『被服と身体装飾の社会心理学（上下）』北大路書房　1994.）

Lewis, M., Sullivan, M. W., Stanger, C., & Weiss, M. 1989 Self development and Self-conscious emotions. *Child Development*, 60, 146-156.

McCullough, E. A., Miller, M. F., & Ford, I. M., 1977, Sexually attractive clothing: Attitude and usage. *Home Economics Research Journal, 6*, 2, 164-170.

Morris, D. 1967, *The Naked Ape*. London: Jonathan Cape.（日高敏隆（訳）『裸のサル――動物学的人間像』河出書房新社　1969.）

夏海遊　2000『ヌードライフへの招待――心とからだの解放のために』明窓出版

大林道子　1994『お産――女と男と　羞恥心の視点から』勁草書房

坂口哲司　1991『看護と保育のためのコミュニケーション――対人関係の心理学』ナカニシヤ出版

菅原健介　1998『人はなぜ恥ずかしがるのか』サイエンス社

2章　食べる・排泄する

Barrett, L., Dunbar, R. I. M. & Dunbar, P., 1995, Mother-infant contact as contingent behaviour in gelada baboons. *Animal Behaviour, 49*, 805-810.

Bateson, P., 1994, The dynamics of parent-offspring relationships in mammals. *TREE, 9*, 399-403.

Berg-Cross, L., Berg-Cross, G. & McGeehan, D., 1979, Experience and personality differences among breast- and bottle-feeding mothers. *Psychology of Women Quarterly, 3*, 344-356.

Blurton Jones, N., 1972, Comparative aspects of mother-child contact. In: N. Blurton Jones (Ed.) *Ethological studies of child behaviour*. Cambridge University Press. Pp.305-328.（岡野恒也監訳「人間の母子の接触性に関する比較研究」『乳幼児のヒューマンエソロジー』ブレーン出版　1995.）

Buxton, K. E., Brown, C. H., Gielen, A. C., Paige, D. M., Faden, R. R. & Chwalow, A. J., 1991, Women intending to breastfeed: Predictors of early infant feeding

experiences. *American Journal of Preventive Medicine, 7*, 101-106.
Daly, M. & Wilson, M., 1983, *Sex, evolution, and behavior*, 2nd ed. Belmont: Wadsworth Publishing.
Dettwyler, K. A., 1995, A time to wean: The Hominid blueprint for the natural age of weaning in modern human populations. In: P. Stuart-Macadam & K. A. Dettwyler（Eds.）*Breastfeeding: Biocultural perspectives*. New York: Aldine de Gruyter, pp.39-73.
Fouts, H. N., Hewlett, B. S. & Lamb, M. E., 2001, Weaning and the nature of early childhood interactions among Bofi foragers in Central Africa. *Human Nature, 12*, 27-46.
Freud, S., 1986, 懸田克躬・高橋義孝他訳『フロイト著作集　第５巻』人文書院
Galef, B. G., Jr. & Henderson, P. W., 1972, Mother milk: A determinant of the feeding preferences of weaning rat pups. *Journal of comparative and physiological Psychology, 78*, 213-219.
Gubernick, D. J. & Alberts, J. R., 1983, Maternal licking by virgin and lactating rats: Water transfer from pups. *Physiology and Behavior, 34*, 501-506.
Haig, D., 1999, Genetic conflicts of pregnancy and childhood. In: S. C. Stearns（Ed.）*Evolution in health and disease*. Oxfrod: Oxford University Press, Pp.77-90.
帆足英一　1995「トイレット・トレーニング」二木武・帆足英一・川井尚・庄司順一（編）『小児の発達栄養行動：摂食から排泄まで――生理・心理・臨床』新版　医歯薬出版　Pp.215-235.
Holinka, C. F. & Carlson, A. D., 1976, Pup attraction to lactating Sprague-Dawley rats. *Behavioral Biology, 16*, 489-505.
Horrell, I. & Hodgson, J., 1992, The bases of sow-piglet identification: II. Cues used by piglets to identify their dam and home pen. *Applied Animal Behaviour Science, 33*, 329-343.
Konner, M. & Worthman, C., 1980, Nursing frequency, gonadal function, and birth spacing among !Kung hunter-gatherers. *Science, 207*, 788-791.
Lindenberg, C. S., Artola, R. C. & Estrada, V. J., 1990, Determinants of early infant weaning: A multivariate approach. *International Journal of Nursing Studies, 27*, 35-41.
Littman, H., 1994, The decision to breastfeed: The importance of fathers' approval. *Clinical Pediatrics*, 214-219.

Makin, J. W. & Porter, R. H., 1989, Attractiveness of lactating females' breast odors to neonates. *Child Development, 60*, 803-810.

Malm, K. & Jensen, P., 1993, Regurgitation as a weaning strategy: A selective review on an old subject in a new light. *Applied Animal Behaviour Science, 36*, 47-64.

Maninger, N., Sackett, G. P. & Ruppenthal, G. C., 2000, Weaning, body weight, and postpartum amenorrhea duration in pigtailed macaques (*Macaca nemestrina*). *American Journal of Primatology, 52*, 81-91.

Mennella, J. A., & Beauchamp, G. K., 1999, Experience with a flavor in mother's milk modifies the infant's acceptance of flavored cereal. *Developmental Psychobiology, 35*, 197-203.

Negayama, K., 1981, Maternal aggression to its offspring in Japanese monkeys. *Journal of Human Evolution, 10*, 523-527.

根ヶ山光一　1987「母子関係と繁殖——その実験的究明の試み」糸魚川直祐・藤井尚教・根ヶ山光一『繁殖行動と適応戦略——ニホンザル集団を中心に』東海大学出版会　Pp.128-191.

根ヶ山光一　1989「子育ての論理」糸魚川直祐・日高敏隆（編）『ヒューマン・エソロジー』福村出版　Pp.59-75.

根ヶ山光一　1996a「離乳期までの食行動」中島義明・今田純雄（編）『たべる——食行動の心理学』朝倉書店　Pp.66-78.

根ヶ山光一　1996b「サルの子別れ・ヒトの子別れ」『青少年問題』43, 26-31.

Negayama, K., 1998-1999, Development of parental aversion to offspring's bodily products: A new approach to parent-offspring relationships. *Bulletin of Research and Clinical Center for Child Development, 22*, 51-58.

根ヶ山光一　2002a『発達行動学の視座——〈個〉の自立発達の人間科学的探究』金子書房

根ヶ山光一　2002b「霊長類を通してみたヒト乳幼児の母子関係——反発性の視点から」『心理学評論』45, 399-410.

Newman, J., 1995, How breast milk protects newborns. *Scientific American*, 273, 58-61.

西本望　1992「時代の推移にともなう基本的生活習慣の変容」『教育学科研究年報』18, 17-59.

Russell, M. J., 1976, Human olfactory communication. *Nature, 260*, 520-522.

Ryback, D., Sanders, A. L., Lorentz, J. & Koestenblatt, M., 1980, Child-rearing practices reported by students in six cultures. *Journal of Social Psychology,*

110, 153-162.
菅原和孝　1993『身体の人類学――カラハリ狩猟採集民グウィの日常行動』河出書房新社
Trivers, R. L., 1974, Parent-offspring conflict. *American. Zoologist, 14*, 249-264.
Vandiver, T. A., 1997, Relationship of mothers' perceptions and behaviors to the duration of breastfeeding. *Psychological Reports, 80*, 1375-1384.
Wuensch, K. L., 1978, Exposure to onion taste in mother's milk leads to enhanced preference for onion diet among weaning rats. *Journal of General Psychology, 99*, 163-167.
矢倉紀子・広江かおり・笠置綱清　1993「乳幼児の排泄自立に関する要因の検討――三歳児の排便トラブルについて」『小児保健研究』52, 599-602.

3章　まちに住まう

Erikson, E. H., Erikson, J. M., & Kivinik, H., 1986, *Vital involvement in Old Age*.（朝長正徳・朝長梨枝子訳『老年期――生き生きしたかかわりあい』みすず書房　1990.）
Erikson, E. H., 1982, *The Life Cycle Completed*.（村瀬孝雄・近藤邦夫訳『ライフサイクル、その完結』みすず書房　1989／増補版　2001.）
Jacobs, J., 1961, *The Dead and Life of Great American Cities*.（黒川紀章訳『アメリカ大都市の死と生』鹿島出版会　1969.）
Lave, J., Wenger, E., 1991, *Situated Learning: Legitimate Peripheral Perticipation*.（佐伯胖訳『状況に埋め込まれた学習――正統的周辺参加』産業図書　1993.）
Reed, E. S., 1996, *Encountering the World: Toward an Ecological Psychology*.（細田直哉訳『アフォーダンスの心理学――生態心理学への道』新曜社　2000.）
Schultz, C. N., 1971, *Existence, Space and Architecture*.（加藤邦男訳『実存・建築・空間』鹿島出版会　1973.）
市岡綾子・高橋鷹志　1993「地域空間における子どもの場所に関する研究――人間－環境系としての地域に関する研究その2」『建築学会大会学術講演梗概集E』Pp.95-96.
今田高俊　2001「社会学の観点から見た公私問題」『公と私の社会科学』東京大学出版会
齋藤純一　2000『公共性』岩波書店
佐伯胖　1995『「学ぶ」ということの意味』岩波書店

橘弘志・高橋鷹志　1997「地域に展開する高齢者の行動環境に関する研究――大規模団地と既成市街地におけるケーススタディ」『日本建築学会計画系論文集』497 号, Pp.89-95.

橘弘志・鈴木毅・篠崎正彦　1996「生活の場と都市コミュニティ――多様な関係を支える都市の仕掛け」『すまいろん』財団法人住宅総合研究財団　Pp.31-37.

西平直　1993『エリクソンの人間学』東京大学出版会

南博文　1995「人生移行のモデル」『老いることの意味――中年・老年期』生涯発達心理学 5　金子書房

4章　物を与える・奪う――物と身体を媒介する相互交渉と意識の貸与

Bruner, J. S. 1986, *Possible worlds, actual minds*. Cambridge, MA: Harvard University Press.

Butterworth, G, 2001, Joint visual attention in infancy. In G. Bremner & A. Fogel (Eds.), Blackwell handbook of infant development. Oxford: Blackwell Publishers. Pp.213-240

岩田銀子・石塚伊緒子・森谷絜　1997「北海道に於ける妊娠・出産に関する俗信から見た産育意識の一考察」『北海道大学教育学部紀要』74, Pp.1-22.

鎌田久子・宮里和子・菅沼ひろ子・古川裕子・坂倉啓夫　1990『日本人の子産み・子育て』勁草書房

Kloek, Wouter, 1998, *Een huishouden Van Jan Steen*. Hilversum: Verloren.

鯨岡峻　1997『原初的コミュニケーションの諸相』ミネルヴァ書房

鯨岡峻　2002『〈育てられる者〉から〈育てる者〉へ』日本放送協会

LeVine, R. A., Dixon, S., LeVine, S., Richman, A., Leiderman, P. H., & Keefer, C. H., 1996, *Child care and culture: Lessons from Africa*. Cambridge, MA: Harvard University Press.

松田毅一・E. ヨリッセン　1983『フロイスの日本覚書』中央公論社

三木成夫　1983『胎児の世界』中央公論社

Moore, C. & Dunham, P. J. (Eds.), 1995, *Joint attention: Its origins and role in development*. Hillsdale, NJ: Lawrence Erlbaum Associates, Publishers.（大神英裕監訳『ジョイント・アテンション――心の起源とその発達を探る』ナカニシヤ出版　1999.）

須藤美香子　1998「育児の現象学『もの』化する授乳」本田和子編著『ものと子どもの文化史』勁草書房　Pp.122-140.

須藤功　1988『写真で見る日本生活図引』弘文堂

横山浩司　1986『子育ての社会史』勁草書房
Vygotsky, L. S., 1978, *Mind in society: The development of higher psychological processes*. Cambridge: MA: Harvard University Press.

5章　物と行為

Bernstein, N. A. 1996 On dexterity and its development. In Latash M. L. & Turvey M. T.（Eds.), *Dexterity and its development*, Mahwah, New Jersey: Lawrence Erlbaum Associates.（工藤孝展訳・佐々木正人監修　2003『デクステリティ——巧みさとその発達』金子書房）
宮本英美　2001「運動の回復」佐々木正人・三嶋博之編著『アフォーダンスと行為』金子書房

6章　身体を作る・見せる

浅野千恵　1996『女はなぜやせようとするのか——摂食障害とジェンダー』勁草書房
Frank, W. A., 1995, *The Wounded Storyteller*. The University of Chicago Press.（鈴木智之訳『傷ついた物語の語り手——身体・病い・倫理』ゆみる出版 2002.）
浜田寿美男　1999『「私」とは何か——ことばと身体の出会い』講談社
市川浩　1984『〈身〉の構造——身体論を越えて』青土社
池田光穂　1999「身体を鋳込みなおす——身体構築に関する社会倫理の探求」（増補改訂版, http://www.let.kumamoto-u.ac.jp/cs/cu/990217body.html: 2002/08/01.）
Johnson, M., 1987, *The Body in the Mind: The Bodily Basis of Meaning, Imagination, and Reason*. The University of Chicago.（菅野盾樹・中村雅之訳『心のなかの身体——想像力へのパラダイム転換』紀伊國屋書店　1991.）
川添裕子　2001「美容外科手術と外見——『普通になりたい』」『化粧文化』第41号, ポーラ文化研究所　Pp.65-71.
化粧文化編集部　2000「特集2　肌色の流行をめぐって」『化粧文化』第40号, ポーラ文化研究所　Pp.53-59.
Mauss, M., 1968, *Sociologie et Anthropologie*. Presses Universitaires de France.（有地亨・山口俊夫訳『社会学と人類学』Ⅱ　弘文堂　1976.）
松井健　1997『自然の文化人類学』東京大学出版会
Merleau-Ponty, M., 1945, *Phénoménologie de la Perception*. Paris: Gullimand.（竹内芳郎他訳『知覚の現象学』1・2　みすず書房　1967・1974.）

宮原浩二郎　1997「変身爛漫の人」宮原浩二郎・荻野昌弘（編）『変身の社会学』世界思想社　Pp.225-251.

村澤博人　2002「ピアスの時代――『おしゃれ白書 1991 ～ 2000』より」『化粧文化』第 42 号, ポーラ文化研究所　Pp.78-81.

中村ひろ子・岩本通弥　1999「消えたアクセサリー」松崎憲三（編）『人生の装飾法』民俗学の冒険 2　筑摩書房　Pp.90-110.

野村雅一　1996『身ぶりとしぐさの人類学――身体がしめす社会の記憶』中央公論社

荻野昌弘　1997「社会学の変身・変身の社会学」宮原浩二郎・荻野昌弘（編）『変身の社会学』世界思想社　Pp.1-23.

斎藤卓志　1999『刺青 TATTOO』岩田書院

佐々木正人　1987『からだ――認識の原点』東京大学出版会

柴田洋一　1998「美容整形のトレンド」『化粧文化』第 38 号　ポーラ文化研究所　Pp.36-37.

菅原和孝　1993『身体の人類学――カラハリ狩猟採集民グウィの日常行動』河出書房新社

蔦森樹　1995「ジェンダー化された身体を超えて――「男の」身体の政治性」『ジェンダーの社会学』岩波講座現代社会学第 11 巻　Pp.133-150.

van Gennep, A., 1909, *Les Rites de Passage*. Emile Nourry.（織部恒雄・織部裕子訳『通過儀礼』弘文堂　1977.）

鷲田清一　1989『モードの迷宮』中央公論社

鷲田清一　1998『悲鳴をあげる身体』PHP 研究所

7章　触れる・離れる

Bergman, N. J. & Jurisoo, L. A., 1994, The “kangaroo-method” for treating low birth weight babies in a developmental country, *Tropical Doctor*, 57-60.

Cohn, J. F. & Tronick, E., 1989, Specificity of infant’s response to mothers’ affective behavior, *Journal of the American Academy of Child and Adolescent Psychiatry, 28*, 2, 242-248.

Feldman, R., Weller, A., Leckman, J. M., Kuint, J. & Eidelman, A. I., 1999, The nature of the mother’s tie to her infant: maternal bonding under conditions of proximity, separation, and potential loss, *Journal of Psychology and Psychiatry and Allied Disciplines, 40*, 6, 929-939.

船橋惠子　1994『赤ちゃんを産むということ』日本放送協会

石坂啓　1993『赤ちゃんが来た』朝日新聞社

橋本洋子　1999「NICUにおける親子の関係性の発達過程」堀内勁・飯田由美子・橋本洋子（編著）『カンガルーケア』メディカ出版　Pp.8-14.
繁多進・菅野幸恵・白坂香弥・真栄城和美　2001「乳幼児に対する母親の感情と行動」『母子研究』21, Pp.28-36.
堀内勁　1999「カンガルーケアの生理学的評価と安全性」堀内勁・飯田由美子・橋本洋子（編著）『カンガルーケア』メディカ出版　Pp.40-61.
柏木惠子・蓮香園　2000「母子分離〈保育園に子どもを預ける〉についての母親の感情・認知——分離経験および職業の有無との関連で」『家族心理学研究』14, 1, 61-74.
小島康生・入澤みち子・脇田満里子　2000「第二子の妊娠・出産が家族の心理や行動に及ぼす影響（4）産後6ヶ月までの母親 - 第一子関係」『日本発達心理学会第11回大会発表論文集』
Ludington-Hoe, S. M., Nguyen, N. S. JY. & Satyshur, R. D., 2000, Kangaroo care compared to incubators in maintaining body warmth in preterm infant, *Biological research for Nursing, 2*, 1, 60-73.
Klaus, M. H. & Kennell, K. H., 1982, *Parent-infant bonding*, 2nd ed.（竹内徹・柏木哲夫・横尾京子（訳）『親と子のきずな』医学書院　1985.）
根ヶ山光一　1995「子育てと子別れ」根ヶ山光一・鈴木晶夫（編著）『子別れの心理学』福村出版　Pp.12-30.
根ヶ山光一　1999「母親と子の結合と分離」東洋・柏木惠子（編）『社会と家族の心理学』ミネルヴァ書房　Pp.23-46.
Mahler, M. S. & La Perriere, K., 1965, Mother-child interaction during separation-individuation. *Psychoanalytic Quarterly, 34*, 483-494.
まついなつき　1994『笑う出産』情報センター出版局
Messmer, P. R., Rodriguez, S., Adams, J., Wells-Gentry, J., Washburn, K., Zabaleta, I. & Abreu, S., 1997; Effect of kangaroo care on sleep time for neonates, *Pediatric Nursing, 23*, 4, 408-414.
坂部恵　1983『「ふれる」ことの哲学——人称的世界とその根底』岩波書店
笹本優佳　1999「カンガルーケアの長期効果」堀内勁・飯田由美子・橋本洋子（編著）『カンガルーケア』メディカ出版　Pp.120-126.
佐々木正人　1994『アフォーダンス——新しい認知の理論』岩波書店
白坂香弥・真栄城和美・繁多進　2001「乳幼児をもつ母親の意識と感情（3）——母親の意識と行動と求める育児支援の差」『日本心理臨床学会第20回大会論文集』
菅野幸恵　2001「母親が子どもをイヤになること——育児における不快感情

とそれに対する説明づけ」『発達心理学研究』12, 1, 12-23.
菅野幸恵・岡本依子　2000「子どもに対する母親の否定的感情と母親になるプロセス」『家庭教育研究所紀要』22, 66-74.
鈴木晶夫　1995「身体と子別れ」根ヶ山光一・鈴木晶夫（編著）『子別れの心理学』福村出版　Pp.31-41.
鈴木晶夫・春木豊　1989「対人接触に関する試験的研究」『早稲田心理学年報』21, 93-98.
Stack, D. M & Muir, D. W., 1992, Adult tactile stimulation during face-to-face interactions modulates five-month-olds' affect and attention. *Child Development, 63* (6): 1509-1525.
Trivers, R. L., 1974, Parent-offspring conflict. *American Zoologist, 11*, 249-264.
Tronick, E. Z., 1995, Touch in Mother-Infant Interaction. *Field, T. M. ed Touch in early development.*
恒吉僚子・S. ブーコック　1997『育児の国際比較――子どもと社会と親たち』日本放送協会
Rijt-Plooij, H. H. C., & Plooij, F. X., 1993, Distinct periods of mother-infant conflict in normal development: sources of progress and germs of pathology. *Journal of Child psychology and Psychiatry, 34*, 229-245.
Weiss, S. J., Wilson, P., Seed, M st, J. & Paul, S. M., 2001, Early tactile experience of low birth weight children: Links later mental health and social adaptation, *Infant and Child Development, 10*, 3, 93-115.

8章　匂　う

Brown, J. L., & Eklund, A., 1994, Kin recognition and the major histocompatibility complex: An integrative review. *Am. Nat., 143*, 435-461.
Chen, D., & Haviland-Jones, J., 1999, Rapid mood change and human odors. *Physiol. Behav., 68*, 241-250.
Cernoch, J. M., & Porter, R. H., 1985, Recognition of maternal axillary odors by infants. *Child Dev., 56*, 1593-1598.
大黒成夫　2001『生殖細胞のドン―― LHRH 細胞の生涯』理工学社
Firestein, S., 2001, How the olfactory system makes sense of scents. *Nature, 413*, 211-218.
Haze, S., Gozu, Y., Nakamura, S., Kohno, Y., Sawano, K., Ohta, H., & Yamazaki, K., 2001, 2-Nonenal newly found in human body odor tends to increase with aging. *The Jounal of Investigative Dermatology, 116*, 4, 520-524.

椛秀人　1998「匂いの記憶・学習」『細胞工学』第17巻, 8号, 1284-1294.
Kaba, H. & Nakanishi, S., 1995, Synaptic mechanisms of olfactory recognition memory. *Reviews in the Neurosciences, 6*, 125-141.
Kaitz, M., Good, A., Rokem, A. M., & Eidelman, A. I., 1987, Mother's recognition of their newborns by olfactory cues. *Dev. Psychobiol., 20*, 587-591.
Karlson, P. & Luscher, M., 1959, 'Pheromones' a new term for a class of biologically active substances. *Nature, 183*, 55-56.
Kawakami, K., Kawakami, T., Okazaki, Y., Kurihara, H., Shimizu, Y., & Yanagihara, T., 1997, The effect of odors on human newborn infants under stress. *Infant Behav. Dev., 20*, 531-535.
コーディス, M.・モラン, D.・ヒューイ, D., 栗原百代（訳）　2000『相性のよしあしはフェロモンが決める』草思社
久保田俊郎・麻生武志　1996「女性思春期のホルモンバランス」『日本産科婦人科学会雑誌』第48巻, 1号, N3-N6.
Macfalene, A., 1975, Olfacion in the development of social preferences in the human neonates. *Ciba Found. Symp. 33*, 103-113.
Marilier, L., Schaal, B., & Soussignan, R., 1998, Neonatal responsiveness to the odor of amniotic and lacteal fluids: A test of perinatal chemosensory continuity. *Child Dev., 69*, 3, 611-623.
増田美香子・麻生武志　1998「思春期のホルモンバランス」『産婦人科治療』第76巻, 4号, 398-402.
McClintock, M. K., 1971, Menstrual synchrony and suppression. *Nature, 229*, 244-245.
Morofushi, M., Shinohara, K., Funabashi, T., & Kimura, F., 2000, Positive relationship between menstrual synchrony and ability to smell 5alpha-androst-16-en-3alpha-ol. *Chem. Senses, 25*, 4, 407-411.
Poter, R. H., Cernoch, J. M., & McLaughlin, F. J., 1983, Maternal recognition of neonates through olfactory cues. *Physiol. Behav., 30*, 151-154.
Preti, G., Cutler, W. B., Garcia, C. R., Huggins, G. R., & Lawley, H. J., 1986, Human axillary secretions influence womens menstrual cycles: The role of donor extract from females. *Horm. Behav., 20*, 474-482.
Rodriguez, I., Greer, C. A., Mok, M. Y., & Mombaerts, P., 2000, A putative pheromone receptor gene express in human olfactory mucosa. *Nat. Genet., 26*, 18-19.
Saito, T. R. & Moltz, H., 1986, Copulatory behavior of sexually naive and sexually

experienced male rats following removal of the vomeronasal organ. *Physiol. Behav., 37*, 3, 507-510.
庄司菊雄　2001『においのはなし――アロマテラピー・精油・健康を科学する』技報堂出版
Shinohara, K., Morofushi, M., Funabashi, T., Mitushima, D., & Kimura, F., 2000, Effects of 5alpha-androst-16-en-3alpha-ol on the pulsatile secretion of luteinizing hormone in human females. *Chem. Senses, 25*, 4, 465-7.
篠原一之・諸伏雅代・船橋利也・貴邑冨久子　2000「ヒトにおける体臭を介したコミュニケーション」『日本味と匂学会誌』7巻　1号　11-17.
Shinohara, K., Morofushi, M., Funabashi, T., & Kimura, F., 2001, Axillary pheromones modulate pulsatile LH secretion in humans. *Neuroreport, 12*, 5, 893-895.
鈴木隆　1998『匂いの身体論――体臭と無臭志向』八坂書房
鈴木隆　2000『悪臭学――人体扁』イースト・プレス
鈴木隆　2002『匂いのエロティシズム』集英社新書
Stern, K. & McClintock, M. K., 1998, Regulation of ovulation by human pheromones., *Nature, 392*, 177-179.
田中冨久子　1998『女の脳・男の脳』ＮＨＫブックス
ワトソン, L.／旦敬介（訳）　2000『匂いの記憶』光文社
Wedekind, C., Seebeck, T., Bettens, F., & Paepke, A. J., 1995, MHC-dependent mate preference in humans. *Proc. R. Soc. Lond. B, 260*, 245-249.
Wedekind, C. & Furi, S., 1997, Body odour preferences in men and women: Do they aim for specific MHC combinations or simply heterozygosity? *Proc. R. Soc. Lond. B, 264*, 1471-1479.
山本大輔　2001『恋愛遺伝子――運命の赤い糸を科学する』光文社
山崎邦郎　1999『においを操る遺伝子』工業調査会
Yamazaki, K., Boyse, E. A., Mike, V., Thaler, H. T., Mathieson, B. J., Abbott, J., Boyse, J., Zayas, Z. A., & Thomas, L., 1976, Control of mating preferences in mice by genes in the Major Histocompatibility Complex. *J. Exp. Med., 144*, 1324-1335.

9章　介護する

尼ヶ崎彬　1994「舞踏芸術と身体」早稲田大学人間総合研究センター　東洋医学の人間科学研究プロジェクト（編）『身体としての精神』15-31.
ミンデル, A.／藤見幸雄・伊藤雄二郎（訳）　2002『昏睡状態の人と対話する』

ＮＨＫブックス
市野川容孝　2000「ケアの社会化をめぐって」『現代思想 28　介護』114-225　青土社
川野健治・岡本依子　2001「特別養護老人ホームの食事介助場面における行為の協調」『行動科学』39, 7-20.
永田久美子　2001「老年期の親子の身体接触」川野健治・根ヶ山光一企画「発達と身体資源（2）——親子関係の長期的変化における『身体接触』の変容」『日本発達心理学会 12 回大会発表論文集』p.19.
西村ユミ　2001『語りかける身体』ゆみる出版
西阪仰　2001『心と行為——エスノメソドロジーの視点』岩波書店
岡本依子　2000「母子コミュニケーションにおける母親による子どもの代弁——１歳児への代弁の分類」『東京都立大学人文学報』307, 73-94.
Sacks, H., 1992, *Lectures on Conversation*. 2vols, Oxford: Basil Blackwell.
斉藤洋典・白石知子　2002「行為の説明を理解につなぐ知識処理」斉藤洋典・喜多壮太郎（編著）『ジェスチャー・行為・意味』共立出版
澤田昌人　1996「音声コミュニケーションがつくる二つの世界」菅原和孝・野村雅一（編）『コミュニケーションとしての身体』叢書・身体と文化第２巻　大修館書店
鈴木正子　1996『看護することの哲学』医学書院
鷲田清一　1999『聴くことの力——臨床哲学試論』ＴＢＳブリタニカ

10章　虐待する

池田由子　1987『児童虐待——ゆがんだ親子関係』中央公論社
児童虐待調査研究会　1985「児童虐待——昭和 52 年度・全国児童相談所における家庭内児童虐待調査を中心として」
Jones, D. N., 1987, *Understanding Child Abuse*. Macmillan Press.（鈴木・小林・納谷（訳）『児童虐待防止ハンドブック』医学書院　1995.）
Justice, R. & Justice, B., 1990, Crisis Intervention with Abusing Families: Short-term Cognitive Coercive Group Therapy Using Goal Attainment Scaling. A. R. Roberts（ed.), *Crisis Intervention Handbook: Assessment, Treatment, and Research*. Wadsworth.
Frodl, A., Schima, J., & Ohman, R., 1979, Child Abuser's Responses to Infant's Smiles and Cries. In *Abstracts of Society for Research in Child Development*, vol.2, 74.
Kaufman, J. & Ziegler, E., 1987, Do Abused Children Become Abusive Parents?

American Journal of Orthopsychiatry, 57: 2, 186-192.
Kroll, J., 1993, *PTSD/Borderline in Therapy: Finding the Balance*. W. W. Norton.
西澤哲　1998『子どものトラウマ』講談社現代新書
西澤哲　1999『トラウマの臨床心理学』金剛出版
西澤哲　2002「児童福祉施設に対するヒアリング調査結果——３施設へのヒアリング結果と考察」『平成13年度厚生省科学研究（子ども家庭総合研究事業）』Pp.157-161.
坂井聖二　1998「児童虐待を理解するための基本的な問題点」吉田恒雄（編）『児童虐待への介入——その制度と法』尚学社
Steele, B. & Pollock, C., 1974, A Psychiatric Study of Parents Who Abuse Infants and Small Children. In: R. E. Helfer & C. H. Kempe (eds.), *The Battered Child* (2nd ed.), University of Chicago Press.

[コラム]

1　事故と身体の発達

田中哲郎・岩坪秀樹・石井博子　1995「子供の事故発生率とその年次推移」『日本医事新報』No.3738, Pp.24-28.

3　I君の自助具

Gibson, J. J., 1986, *The ecological approach to visual perception*. Hillsdale, NJ: Lawrence Erlbaum Associates.（original work published in 1979.）（古崎敬他訳『生態学的視覚論』サイエンス社　1985.）

4　乳房をもつ身体

Lee, J., 1997, Never Innocent: Breasted Experiences in Women's Bodily Narratives of Puberty. *Feminism & Psychology, 7* (4), 453-474.
荻野美穂　2002『ジェンダー化される身体』勁草書房
鈴木道子　1999「女性の身体性について」河野貴代美編『シリーズ〈女性と心理〉第３巻　女性のからだと心理』新水社
Yalom, M., 1998, *A History of The Breast*.（平石律子訳『乳房論——乳房をめぐる欲望の社会史』トレヴィル　1998.）

5　胎　　動

岡本依子・菅野幸恵・根ヶ山光一（印刷中）「胎動に対する語りにみられる妊娠期の主観的な母子関係――胎動日記における胎児への意味づけ」発達心理学研究

多田裕　1992「胎児期の発達」高橋道子編『胎児・乳児期の発達』新・児童心理学講座第２巻　金子書房　Pp.32-55.

7　抱　　き

西條剛央・根ヶ山光一　2001a「母子の『抱き』における母親の抱き方と乳幼児の『抱かれ行動』の発達――『姿勢』との関連を中心に」『小児保健研究』60, 82-90.

西條剛央　2001b「『離抱』――子別れを語る新概念の提唱とその検討」『発達心理学会第12回発表論文集』63.

西條剛央　2002「母子間の『横抱き』から『縦抱き』への移行に関する縦断的研究――ダイナミックシステムズアプローチの適用」『発達心理学研究』13, 97-108.

Thelen, E., & Smith, L. B., 1998, Dynamic systems theories. In R. M. Lerner (Ed.), *Handbook of child psychology*: Vol.1 (pp.563-634). New York: John Wiley & Sons.

8　遊び・ケンカ

Boulton, M. J. & Smith, P. K. 1997, Peer social status, rough-and-tumble play and aggression: social skill and behaviour. In: P. K. Smith (1997), Play fighting and real fighting: Perspectives on their relationship, p.55.

Smith, P. K. 1997, Play fighting and real fighting: Perspectives on their relationship. In: A. Schmitt et al. (Eds.), *New Aspects of Human Ethology*. New York: Plenum Press, Pp.47-64.

あとがき

檜垣立哉　2002『ドゥルーズ――解けない問いを生きる』日本放送出版協会